춘추전국시대의 고민

양주·묵가·법가의 제안

차례
Contents

누구를 위한 삶인가

중국 춘추 전국 시대는 정치적으로 각종 개혁과 변법(變法)이 실시된 시기로, 정치적 변혁에 상응하여 유가(儒家)·도가(道家)·묵가(墨家)·법가(法家) 등을 비롯한 수많은 사상 유파가 자신들의 정치적 견해를 가지고 다툰 시기였다. 그래서 그 시기를 다양한 학문이 꽃을 피운 시기, 즉 '백화제방(百花齊放)'의 시기라고도 부른다.

당시의 사상 유파들이 핵심적으로 다룬 문제는 바로 어떻게 나라를 다스릴 것인가, 어떤 정치가 가장 좋은 정치인가 하는 '큰' 문제들이었지만, 이 시기부터 슬슬 삶과 관련한 '작은' 문제들이 대두되기 시작했고, 이것을 계기로 자아를 돌아보기 시작하였다는 점에서 중요한 시기라고 할 수 있다.

이들 중 삶이란 결국 다른 누구, 무엇을 위한 삶이 아니라 자기 자신을 위한 삶이어야 진정으로 의미가 있다고 주장한 사람이 양주(楊朱)다. 인간이 함께 모여 살기 시작한 이래 혼자서는 살 수 없다는 생각이 지배적이 되면서, 인간은 본래 사회적이라는 등, 이것이 바로 인간의 본성이라는 등의 주장이 동서양을 막론하고 널리 퍼져 있었다. 인간은 태어나면서부터 사회적 존재이기 때문에 사회적 삶을 살아가야만 한다는 논리가 당연시되었다. 그러나 이런 견해들과 달리 '나를 위한 삶'을 주장한 이가 바로 양주다. 그의 사상은 춘추 전국 시대를 거치면서 사람들에게 사회와는 독립적인 자아의식이 싹트기 시작했음을 상징적으로 보여주는 것으로, 근대에 들어와서 다시금 주목받고 있다.

그런데 양주와 같은 시기를 산 묵자(墨子)는 양주와는 전혀 다른 생각을 가지고, '우리를 위한 삶'을 주장했다. 그의 대표적 주장은 '겸애(兼愛)'이며, 그는 혈육이 아닌 남도 자기 가족처럼 사랑하라고 부르짖었다. 그는 세상은 혼자만 사는 것이 아니고, 함께 사는 것이라고 주장하였다. 그럼에도 불구하고, 그가 꿈꾼 사회는 평등하고 차별 없는 사회는 아니었다. 같이 살아가고 같이 나누기도 하지만, 위아래가 분명한, 위계가 제대로 잡힌 사회가 좋은 사회라고 여겼다. 양주가 사회에 얽매이지 않은 자유로운 삶을 추구했다면, 묵자는 정반대로 사회에 완전히 구속된 함께하는 삶을 추구했다.

그런데 양주처럼 살아봐도 묵자처럼 살아봐도 세상의 혼란은 사라지지 않았고 더욱 심해질 뿐이었다. 그래서 강한 자만이 살아남을 수 있다고 생각하는 이들이 생겨났으니, 이들이 바로 법가다. 이들은 자신도 사회도 아닌 '국가를 위한 삶'을 주장하였다. '나를 위한 삶'이나 '우리를 위한 삶'은 기본적으로 인간에 대한 사랑을 전제로 하고 있다. 즉, '나에 대한 사랑'이나 '우리에 대한 사랑'이 바탕으로 깔려 있다. 이런 삶은 혼자 살든 같이 살든 사람은 다른 사람에게 해를 주지 않고 잘 살아갈 수 있는 존재라는 생각을 전제로 한다.

그러나 법가는 인간은 나에 대한 것이든 우리에 대한 것이든 사랑에 의해 지배되는 존재가 아니라 이익에 따라 움직이는 존재라고 보았다. 그리고 이들이 그저 자신의 삶을 살도록 놔두었다가는 서로 해치게 된다고 생각했다. 그래서 법으로 규제하고 때로는 벌을 주고 때로는 상을 주면서 잘 훈육해야 한다고 주장했다.

이들 세 사상 유파는 유가라는 주류 사상에 맞서 자신들만의 독특한 견해를 제시하였다. 이들은 나름대로 어떻게, 무엇을 위해 사는 삶이 의미 있는 것인가에 대해 현대를 사는 우리에게 질문을 던진다. 이들은 우리와 너무도 동떨어진 과거에 살았던 사람들이지만, 이들의 고민은 지금의 우리에게도 낯설지 않다. 지금 우리는 성적, 취업, 결혼 같은 실제적인 목표들을 위해 노력하고 있지만, '나는 누구인가?' '삶이란 무엇인가?' '무엇을 위해 살아야 하는가?' 등의 문제가 '생각하는' 우리의 주위에 항상 맴돌고 있는 것 또한 사실이다. 그러므로 과거 수천 년 전의 사상가들의 고민이, 우리가 우리만의 해답을 찾을 수 있도록 약간의 도움을 줄 수 있을 것이라 생각한다.

2021년 1월
김현주

제1장 양주의 '위아(爲我)' 나를 위해 살자

유가의 대표적 사상가 맹자(孟子)는 그가 살던 시대를 휘어잡던 사상으로 양주의 사상과 묵가사상 두 가지를 꼽으며, 다음과 같이 한탄한 적이 있다.

성인은 태어나지 않고, 제후들은 오만방자하고, 선비들은 제멋대로의 주장을 하고, 양주와 묵적의 말이 천하를 가득 채워, 천하의 말이 모두 양주 아니면 묵적(墨翟)의 것이 되었다. (『맹자』「등문공(滕文公)」)

양주(기원전 440년경~기원전 360년경)는 "나를 위해 살자"고 주장했던 사상가로, 인의나 도덕보다는 자신의 삶을 소중히 여기라고 말했다. 이후 모든 제자백가의 적이 되었다.

양주의 사상은 유가나 묵가처럼 체계적으로 후대에 전해지지 못하고 『여씨춘추(呂氏春秋)』『열자(列子)』『맹자』『장자(莊子)』『순자(荀子)』『한비자(韓非子)』 등 여러 문헌에 조금씩 언급되어 전해질 뿐이지만, 전국 시대 당시에는 유가·묵가와 더불어 천하를 지배하는 유력한 사상이었다. 그러므로 맹자는 "천하의 사상이 양주 아니면 묵적의 것"이라고 한탄한 것이다.

기원전 395년부터 335년 무렵까지 살았을 것으로 추정되는 양주는 위(魏)나라 사람이라고도 하고 진(秦)나라 사람이라고도 하며, 양자(陽子)·양자거(陽子居)·양생(陽生) 등 여러 이름으로 알려져 있기도 하다. 어떤 이는 그가 소(小)지주 계급이었을 것[1]이라고도 하는데, 그의 출신에 대해서는 거의 알려진 바가 없다.

양주의 이름은 도가의 대표적 저서인 『장자』에서 여러 번 언급되었고, 공자(孔子)와 마찬가지로 노자(老子)에게 가르침을 받으려는 자 가운데 한 사람으로 나오기 때문에, 캉유웨이(康有爲)·펑우란(馮友蘭) 그리고 궈모뤄(郭沫若)과 같은 근대 중국의 학자들은 양주를 도가의 시조인 노자의 제자라고 보고 도가로 분류하기도 한다. 그러나 양주의 사상은 노자나 장자의 사상과는 차별성을 갖고 있어서 그렇지 않다고 생각하는 이들도 있다. 양주는 노자나 장자와 마찬가지로 생명을 중시하고 이익을 경시하는 경향을 보이지만, 그의 사상은 '위아(爲我)'라는 개념으로 더 잘 알려져 있기 때문이다.

맹자는 양주에 대해 "천하를 위해서 자신의 털 한 가닥도 뽑지 않으려는 이기주의자"라고 비난했지만, 양주의 위아가 과연 맹자가 말한 것처럼 자신의 이익만을 생각한 것일까? 아니면 한비자가 말한 것처럼 재물을 경시하고 삶을 중시하는 것일 뿐일까? 이것은 좀 더 생각해봐야 하는 문제다.

이것을 얘기하기 전에 우리는 우선 양주가 살던 시대를 살펴보아야 한다. 그가 살던 시대는 전국 시대다. 천하의 종

주국인 주 왕실이 약해진 틈을 타서 제후국끼리 패권을 차지하기 위해 서로 전쟁을 벌이던 시대다. 사회는 혼란하고 백성들의 삶은 힘들기 그지없었다. 근대 영국 철학자 토머스 홉스(Thomas Hobbes)가 '만인의 만인에 대한 투쟁 상태'로 묘사한, '외롭고, 불쌍하고, 끔찍하고, 잔인하고, 짧은' 삶 그 자체였다. 권력 남용이 일상적이었고, 인간의 생명은 벌레처럼 무시되던 시절이었다. 그러다보니 죽은 시체가 들판을 가득 메웠다. 이럴 때 사람들에게 필요한 것은 인의(仁義)니 뭐니 하는 도덕이나 정의와 같은 추상적인 가치들이 아니라, 그저 '사는 것'이 중요했다. 이러한 시대에는 사람들에게 살아야 한다고 말하고, 그렇게 해서 혹 사는 것이 천하를 배반하는 일이 되더라도 자신의 삶을 소중히 여기라고 말해주었다. 그러므로 당시 사람들은 양주를 따랐던 것이다.

맹손양(孟孫陽)이 양주에게 물었다. "여기 어떤 사람이 삶을 소중히 여기고 자신을 사랑하여, 죽지 않으려고 하는데, 가능합니까?"

양주가 대답하였다. "사람이 죽지 않을 수는 없지."

맹손양이 물었다. "그럼 오래오래 살고 싶은데, 가능합니까?"

양주가 대답하였다. "당연히 오래 살 수야 없지. 삶이란 그것을 귀하게 여기지 않아야 살 수 있는 것이고, 몸은 그것을 아끼지 않아야 튼튼해지는 법인데, 오래 살 수 있겠느냐? 다섯 가지 감정과 좋고 싫음은 예나 지금이나 같다. 몸을 편안하게 하고 싶은 것도 예나 지금이나 같다. 세상사의 고통과 즐거움도 예나 지금이나 같다. 세상이 다스려지고 어지러운 것도 예나 지금이나 같다. 그것을 듣고, 보고, 또 해보고, 백 년을 해서 그렇게 많이 질렸는데, 하물며 고생하면서 더 오래 살고 싶겠느냐?"

맹손양이 말하였다. "그렇다면, 빨리 죽는 것이 오래 사는 것보다 낫고, 날카로운 칼을 밟고, 뜨거운 불에 들어가야 뜻한 바를 얻는 것이군요."

양주가 말하였다. "그렇지는 않다. 태어났다면 죽을 때까지 삶을 살고, 바라는 것을 추구하면 죽을 때까지 기다려야 하는 것이다. 장차 죽을 때는, 없어지도록 내버려두는 것이다. 갈 곳을 살피고, 다 가면 내려놓는다. 없어지지 않는 것이 없고, 내려놓지 않는 것이 없는데, 그 사이에 빠르고 늦는 것이 무슨 소용이 있겠는가?"(『열자』「양주」)

사람들이 살면서 갖는 생각들은 옛날이나 지금이나 비슷하다. 오래 살고 싶어하고, 편안하게 살고 싶어한다. 그렇게 살고자 한다면 보다 더 열심히 건강에 신경 써야 하고 운동으로 몸을 단련시켜야 한다. 그러나 그렇다고 해서 인간이 언제까지나 살 수 있는 것은 아니다. 이것이 자연의 이치다.

양주는 '나를 위한 삶'이 이러한 자연의 이치에 어긋나는 것은 결코 아니라는 점을 상기시킨다. 그렇다고 그는 우리에게 "쾌락을 추구하며 제멋대로 살아라" 하고 권하지도 않았다.

그렇다면 양주에게 '나를 위한 삶'이란 어떤 것이었을까? 『회남자(淮南子)』에서 양주에 대해 언급하는 부분을 보면 어느 정도 짐작할 수 있다.

노래를 연주하고 춤을 추는 것을 음악 한다고 하고, 둥글게 돌고 읍하고 사양하는 것을 예를 닦는다고 하고, 후하게 장례 지내고 오래 상을 치르는 것을 죽음을 보내드린다 하는데, 이 것은 공자가 주장한 것들이지만, 묵자는 그것을 부정한다. 서로 사랑하고[兼愛], 어진 이를 존중하고[尚賢], 귀신을 따르고 [右鬼], 운명을 믿지 말라[非命]는 것은 묵자가 주장한 것들이지만, 양자(楊子)는 이것을 부정한다. 온전한 성(性)을 진실로 보존하고, 재물을 얻기 위해 자신을 해치지 않는 것은 양자가 주장한 것들이지만, 맹자는 부정한다. 취하고 버리는 것이 사람마다 다르며, 각각 깨달음이 있다. (『회남자』 「범론훈(氾論訓)」)

양주의 위아는 "성(性)을 진실로 보존하고, 재물을 얻기 위해 자신을 해치지 않는 것"이라고 요약할 수 있다. 재물도 명예도 모두 인간의 욕구에 불과하다. 이것들은 진정한 자아,

즉 성은 아니다. 자신의 외부에 존재하는 것들을 모두 '물(物)'이라고 말하는데, 양주는 물적 욕구를 지나치게 추구하는 것이 결국은 자신을 해치는 것이라고 경고한 것이다. 양주에 대한 한비자의 글을 보면 양주를 더 잘 이해할 수 있다.

> 지금 여기 어떤 사람이 있는데, 의롭다고 해도 위험한 성에 들어가지 않고, 군대에 들어가지 않고, 천하의 큰 이익을 위해서라도 털 한 가닥도 바꾸지 않았다. 그리하여 세상의 주인은 반드시 예를 다하고, 그 지혜를 귀하게 여기고 그 행동을 높이 평가함으로써, 사물을 가볍게 여기고 생명을 귀히 여기던 선비라고 생각한다. (『한비자』「현학(顯學)」)

한비자에게 양주는 "사물을 가볍게 여기고 생명을 귀히 여기던 선비"다. 양주에게 중요한 것은 결국 자신의 생명이다. 이 세상에 자신보다 소중한 것이 있겠는가? 항상 재화는 부족하고 사람은 많다고 하고, 그래서 경쟁을 해야만 한다고 하면서 사람들은 서로 부족한 자원을 가지고 서로 더 많이 갖기 위해 싸운다. 그러나 가만히 마음을 가다듬고 생각해보아야 한다. 그것이 과연 정말로 자신을 위한 것일까?

재물을 얻어 부자가 되고, 힘을 얻어 강자가 되고, 지위를 얻어 귀인이 되는 것은 단기적으로는 자신에게 도움이 된다.

그런데 그러다보면 어느새 자기 자신은 어디로 갔는지 온데 간데없고 재물·힘·지위가 우리의 주인이 되어버리고 만다. 내 삶의 주인은 '나'여야 하는데, 실상은 자신이 그런 사물의 노예가 되어버린다. 양주는 그런 우리에게 우리 스스로를 지키라고 충고한다. 한갓 '털' 한 가닥마저 소중히 여기라고. 나는 소중하니까.

'털끝'과 '천하'

양주는 위아를 취하여, 털 한 가닥을 뽑아서 천하를 이롭게 한다고 해도, 하지 않았다. (『맹자』「진심(盡心)」)

맹자는 고작 털 한 가닥이랑 천하를 바꿀 수 있다는데도 양주는 마다했다고 하면서, 그 이유가 바로 '위아'에 있다고 비난했다. 맹자의 이 한마디는 양주를 천하에서 가장 '이기적인' 사상가로 만들었다.

그런데 양주에 대한 맹자의 표현은 무척이나 간략한 것으로, 조금 더 상세한 내용은 『열자』를 보면 알 수 있다.

(양주는) 터럭 하나 뽑아서 천하를 이롭게 한다고 해도, 하지

않는다. 천하가 자기 한 몸을 위해 다 바쳐진다고 해도, 취하지 않는다. (『열자』 「양주」)

금자(禽子)가 양주에게 물었다. "선생의 몸에서 털 한 가닥을 뽑아 세상을 구한다면, 하시겠습니까?"

양주가 대답했다. "세상은 털 하나로 구할 수 있는 것이 아닙니다."

금자가 물었다. "만약 구할 수 있다면, 하시겠습니까?"

양주는 대답하지 않았다.

금자가 나가서 맹손양에게 물었다. 맹손양이 말하였다. "당신은 선생님의 생각을 이해하지 못하고 있으니, 제가 말해드리지요. 만약 당신의 근육과 피부로 만금을 벌 수 있다면, 하겠습니까?"

금자가 대답하였다. "하지요."

맹손양이 말하였다. "털 하나는 근육과 피부보다 못하고, 근육과 털은 관절보다 못하니, 아시겠지요." (『열자』 「양주」)

사람은 털·피부·근육으로 이루어져 있다. 이것들을 하나하나 떨어뜨려놓고 보면 하찮아 보이는 것들이지만, 이것이 모두 모여야 비로소 하나의 사람이 완성된다. 그러므로 양주에게 '털 한 가닥'이란 결국 온전한 자기 자신을 상징적으로 표현하는 것이다. 비록 양주는 명확한 대답을 하지 않았지만, 나와 천하 둘 중 하나를 고르라면 양주는 '나'를 선택한다고 대답한 것이라고 이해할 수 있다. 사람들은 '고작' 털 하나라고 말하지만, 각자에게 자신의 생명은 천하만큼 소중한 것이다.

양주의 이야기는 우리에게 사회니, 국가니, 민족이니, 천하이니 하는 보다 고상한 명분을 위해 희생할 것을 요구한다면 이것이 과연 정당한 것이며 용인될 수 있는 것인가 묻고 있다. 지금은 납득할 수 있다고 생각하는 명분들이 오늘은 우리에게 털 하나를 요구하지만, 내일은 우리의 몸 전체를 요구할 수도 있기 때문이다.

명예란 거짓일 뿐

양주에게 이름[名]과 실제[實]는 상대적인 개념이지만, 이 둘이 반드시 일치하는 것은 아니다. 그와 반대로 그는 "이름은 거짓이다"라고 단언한다.

실제[實]에는 이름[名]이 없고, 이름에는 실제가 없다. 이름이란 거짓일 뿐이다. 옛날 요임금과 순임금은 거짓으로써 천하를 허유와 선권에게 넘겨주어 천하를 잃지 않았고, 백 년을 갈 수 있었다. 백이와 숙제는 실제로 고죽국의 군주 자리를 양보하여 결국은 그 나라를 잃었으며, 수양산에서 굶어 죽었다. 실제와 거짓의 차이는 이처럼 분명하다. (『열자』「양주」)

관중은 제나라에서 재상을 하였는데, 군주가 음탕하니 그 또한 음탕하였고, 군주가 사치를 하니 그 또한 사치를 하였다. 뜻이 합해지니 말이 따랐고, 도가 행해지니 나라가 패권을 이루게 되었다. 죽고 난 후 관씨의 세상도 끝이 났다. 전씨가 후에 제나라의 재상이 되었는데, 군주가 자신을 높이면 자신은 낮추고, 군주가 거두어들이면 자신은 베풀어, 백성이 모두 그의 뜻을 따랐다. 그리하여 제나라를 차지하게 되었다. 자손이 그것을 누리게 되었고, 지금까지 손이 끊이질 않는다. 만약 참된 이름이라면 가난하고, 거짓 이름이라면 부유하다. (『열자』「양주」)

백이와 숙제는 상(商)나라 말기 고죽국(孤竹國) 군주의 아들이었는데, 주(周)나라 무왕이 상나라를 토벌하자 주나라에서 나는 것을 먹기를 거부하여 서우양산에서 고비와 고사리만 먹다 굶어 죽었다. 공자를 비롯한 후대의 많은 사상가들이 백이와 숙제를 현인이라고 칭송했지만, 양주는 이들이 추

이당(李唐), 「백이숙제채미도」(베이징 고궁박물관 소장).

구했던 이름이 거짓이라고 말한다.

양주의 이런 생각은 선진(先秦) 시대에 유행했던 이름과 실제에 대한 논쟁[名實論爭]들처럼 이름과 실제가 일치해야 한다고 주장하는 것은 같지만, 그 실체가 무엇인지에 대해서는 이들과 의견이 다르다. 양주에 따르면 '실제'는 이름에 부합하는 직분이나 의무가 아니라 바로 '나'이기 때문이다.

그러므로 그에게 중요한 것은 이름이 아니라 실제다. 이름을 위해 죽은 백이와 숙제를 세상 사람들은 모두 존경한다. 하지만 자신을 지켜내지 못했기 때문에 결국은 자신들이 지키고자 한 이름, 즉 나라도 잃어버렸고, 양주가 중요하게 생각하는 실제, 자기 자신 또한 잃어버린 것이다. 그것은 이들이 추구하던 이름이 거짓이었기 때문이다.

지금도 많은 이들이 이름을 얻기 위해 열심이다. 그것이 바로 명예욕이다. 그런데 아이러니하게도 정말로 존경할 만한 사람들이 이름을 얻지 못하는 경우가 수두룩하다. 이름과 실제가 다른 경우가 얼마나 많은가? 또한 유명한 사람들이 저지른 만행이나 과오가 오랫동안 가십으로 회자되고는 한다. 이것은 양주가 당시 사람들이 좋다고 따르는 인의 도덕이 사실은 거짓으로 가득 차 있었다는 것을 꼬집어 말한 것이다. 그러므로 그런 쓸데없는 이름을 얻기 위해 노력할 것이 아니라 실제를 얻기 위해 노력해야 한다고 말이다. 즉, 너 자신을 제대로 지키기 위해 노력하라고 말이다.

계량과 수오의 죽음

계량(季梁)과 수오(隨梧)는 양주의 친구들이다. 그런데 양주는 계량이 죽었을 때는 노래를 불렀고, 수오가 죽었을 때는 목 놓아 울었다. 둘 다 친구인데 그는 왜 이렇게 다르게 반응했을까?

어떤 것으로부터 말미암은 것도 아닌데 항상 사는 것이 도(道)다. 삶으로부터 말미암아 살다가, 결국은 죽지만 사라지지 않으니, '언제나 변함이 없다.' 살다가 사라지면 불행하다. 어딘가에서 생겨났지만 항상 죽는 것 또한 도라고 한다. 죽음으로부터 말미암아 죽는데, 그러므로 죽지 않더라도 스스로 사라지는 것이니, 또한 '언제나 변함이 없다'. 죽음으로 말미암지만 사는 것은 행운이다. 그러므로 쓸모가 없어서 사는 것을 도라고 하고, 도를 사용해도 죽는 것 또한 언제나 변함이 없다. 이유가 있어서 죽는 것 또한 도라고 하고, 도를 사용해도 죽는 것 또한 언제나 변함이 없다. 계량이 죽자 양주는 그 문을 바라보고 노래를 불렀고, 수오가 죽자 양주는 그 시신을 끌어안고 곡을 하였다. 사람들은 태어나고, 사람들은 죽으며, 사람들은 노래하고, 사람들은 곡을 한다. (『열자』 「양주」)

양주에게 살고 죽는 것은 자연스러운 이치다. 사람이 태어나면 언젠가는 죽는 법이다. 그것은 신분이 귀한 사람이든 천한 사람이든, 똑똑한 사람이든 어리석은 사람이든, 그리고 부유한 사람이든 가난한 사람이든 누구나 마찬가지다. 그것은 요임금이나 순임금과 같은 성인들도, 그리고 걸이나 주와 같이 나라와 백성을 망친 폭군들도 피할 수 없는 일이다. 그래서 삶은 더욱 소중한 것이며, 자신을 더욱 소중하게 생각해야 하는 법이다.

양주는 이렇듯 하늘이 부여한 자연적 경향을 겸허하게 '도'로써 받아들이고 더 살고자 하는 세속적 욕망에 얽매이지 말 것을 주장하였다. 오래 살고 싶은 바람은 인간이 가지는 가장 흔한 욕망 중의 하나이다. 그런데 양주에게는 그것 또한 진정한 자신과는 별개의 것이다. 식욕과 색욕은 자연스러운 욕망이므로 그는 그것을 부정하지는 않는다. 그것을 그는 '온전한 삶[全生]'이라고도 말한다. "소위 삶을 존중한다는 것은, 온전한 삶을 의미한다. 소위 온전한 삶이라는 것은 여섯 가지 욕구가 모두 적절하게 이루어진 것을 말한다"(『여씨춘추(呂氏春秋)』 「귀생(貴生)」).

그렇다면 사람은 무엇을 위해 살아야 할까? 욕구를 충족시키기 위해 살아야 할까? 쾌락이야말로 가장 중요한 삶의 동기일까?

그렇다면 사람이 살면서 무엇을 해야 하는가? 무엇이 즐거운가? 좋은 옷과 음식인가? 좋은 소리와 여자인가? 좋은 옷과 음식이 언제까지나 질리지 않을 리 없고, 좋은 소리와 여자도 언제까지나 재밌지는 않다. 형벌로 막고 명분과 예법으로 구속하면 당황하여, 일시의 헛된 명예를 얻으려 경쟁하고, 죽은 후에 이름을 남기고자 한다. 홀로 눈과 귀로 보고 듣고, 자신의 뜻이 맞는지 틀리는지 신경 쓴다. 헛되게 살아 있을 때의 가장 큰 기쁨을 잃어버리고, 조금도 스스로 방심하지 못한다. 겹겹이 갇혀 형구를 차고 있는 죄수와 무엇이 다르겠는가? (『열자』 「양주」)

양주는 무조건 개인의 쾌락을 추구하라고 말하지는 않는다. 인간의 기본적인 욕구들을 적당하게 충족시킬 수 있는 삶이 가장 좋고, 부분적으로 충족되면 '일그러진 삶[虧生]'이고, 그 어떤 욕구도 충족하지 못하게 되면 '궁한 삶[迫生]'이라 할 수 있다. 결국 '궁한 삶'은 죽음보다도 못하다.

오래만 산다고 잘살았다고 할 수 없다는 것이 양주의 지론이다. 잘살았다고 하려면 맛있는 음식도 먹을 수 있어야 하고, 아름다운 음악도 들을 수 있어야 하고, 좋은 옷도 입어야 하고, 그리고 좋은 사람도 만날 수 있어야 한다. 이것이 바로 '온전한 삶'이다. 그렇지 못하다면 차라리 죽는 것만 못하다.

양주의 친구 계량은 병으로 고생하다 죽었으니 노래를 부른 것이고, 수오는 갑자기 죽음을 맞이하였으니 운 것이다. 좋은 삶이란 '양'의 문제가 아니라 '질'의 문제라는 것을 말해주는 대목이다. 일단 태어나서 소중한 삶을 얻었으니 '잘' 살아보아야 할 것이다. 그리고 죽는 것 또한 당연한 이치이니, 죽지 않으려고 기를 쓰지 말고 가진 삶을 '잘' 살아보려고 기를 써야 할 것이다.

잘난 것과 잘난 척의 차이

양주가 송나라를 지나가다가, 동쪽의 여관에 묵었다. 여관 주인에게는 첩이 둘 있었다. 그중 하나는 아름다웠고 하나는 못생겼는데, 못생긴 첩을 귀하게 여기고 예쁜 첩은 천하게 여겼다. 양주가 그 이유를 물었다. 여관 주인이 대답하였다. "예쁜 첩은 자기가 예쁘다고 하는데, 저는 예쁜지 모르겠습니다. 못생긴 아이는 자기가 못생겼다고 하는데, 저는 못생긴 줄 모르겠습니다."

양주가 말하였다. "제자들아 기억해라! 현명하게 행동하면서도 스스로 현명하게 행동한다고 하지 않으면, 어디를 가서도 사랑받지 않겠느냐!" (『열자』 「황제(黃帝)」)

양주는 "외부의 사물[物]로 인해 자신의 실체[形]에 해를 끼치지 않는다(不以物累形)"는 것을 좌우명으로 생각하였다. 자신의 실체란 곧 자신의 본성[性]을 의미한다. 양주가 겉이 아니라 안을 소중히 여겼으며, 겉에 현혹되지 않는 자신을 추구했다는 것을 알 수 있다.

현대 사회에서 외모는 중요한 재화 가운데 하나다. 외모를 팔아서 다른 것을 살 수 있는 세상이 왔기 때문이다. 그것은 반드시 지금이 자본주의가 지배하는 세상이기 때문은 아니다. 양주가 살던 봉건 사회에서도 예쁜 것은 내세울 만한 가치 중 하나였다. 그럼에도 양주는 외모란 외적인 것일 뿐 정말 소중한 것은 그 안에 숨겨져 있다는 것을 알려주고자 한다. 그러므로 자기 안에 숨겨진 진정한 자신을 찾는 것이 무엇보다 중요하다. 양주가 소중히 여기라고 하는 '나'는 얼굴이 아니라 마음이다. 외모만 가꾸는 것은 '잘난 척'일 뿐 '잘난 것'은 아니다.

양주가 말하는 '자신을 소중하게 여기는 것(貴己)' '자신의 삶을 소중하게 여기는 것(重生)'은 자랑하는 것이 아니라 자신을 가꾸는 것, 즉 '양생(養生)'을 의미한다. 중국 전한 시대 학자인 유향(劉向)은 양주의 '양생'을 '방일(放逸)'이라는 말로 표현하였다.[2] '방일'이란 어디에도 구속되지 않은 상태를 말한다.

태고의 사람은 삶이 잠시 온다는 것을 알고, 죽음이 잠시 간다는 것을 알았다. 그러므로 마음에 따라 움직이고, 자연이 좋아하는 것을 어기지 않았다. 몸의 기쁨이 가도록 하지 않으니, 이름을 위해 권하지 않았다. 성에 따라 노닐고, 만물이 좋아하는 것을 거스르지 않고, 죽은 후에 이름을 남기고자 하지 않으니, 그러므로 형벌을 받게 되는 일이 없었다. 명예의 선후, 수명의 다소는 생각하지 않았다. (『열자』「양주」)

마음에 따라, 자연에 따라, 몸의 기쁨에 따라 움직이는 것, 그것이 바로 방일이다. 방일은 자기 자신만의 이익을 위해 다른 사람을 해치는 극단적 이기주의와는 다르다. 그것은 명예나 수명을 추구하는 과도한 쾌락주의와도 다르다. 오래 살겠다, 부유하게 살겠다, 자손들에게 더 많은 것을 물려주겠다는 등등의 욕구에 구애되지 않는 것, 그런 욕구들을 내려놓고 진정으로 자신의 삶을 즐기는 것, 그것이야말로 '방일'이며, 그것이야말로 '양생'이다.

양주가 제자들에게 잘나도 잘난 척하지 말라고 충고했는데, 그것은 '척'하지 말라는 것에 방점이 있다. '척'은 거짓이기 때문이다. 사실이 아니기 때문이다. '척'은 결국 없는데 갖고 싶은, 자기 것이 아닌데 자기 것으로 만들고 싶은 지나친 욕구에서 비롯된다. 그것은 양수가 주장한 자연스러운 욕구가 아니다. 그런 지나친 욕구를 위해 '척'하면서 자신을 포장하다보면 결국은 들통나게 되고, 오히려 모든 것을 잃게 된다.

그러므로 그는 내려놓으라고 말한다. 그저 자기가 가진 것을 즐기라고 말한다. 정말 잘나면 잘난 '척'하지 않아도 된다. '척'하다가 오히려 대중의 눈에서 벗어난 스타가 얼마나 많은가? 이름 하나 남기겠다고 결국은 자기.자신을 해치는 꼴이 되어버린 일을 우리는 이미 너무나 많이 보아왔다. 그러므로 잘나도 잘난 '척'하지 말자.

맹자(기원전 372~기원전 289)는 공자의 인(仁) 사상을 발전시켜 '성선설(性善說)'을 주장했다. 그는 양주에 대해 "천하를 위해 자신의 털 한 가닥도 뽑지 않으려는 이기주의자"라 비난했다.

양주는 왜 이단이 되었을까

양씨의 위아에는 군주가 없고, 묵씨의 겸애에는 아버지가 없다. 아버지가 없고 군주가 없다면 금수인 것이다. (……) 양주와 묵적의 도는 멈추지 않고, 공자의 도는 드러나지 않았으니, 이 사악한 주장들이 백성을 미혹시키고 인의를 막는다. (……) 나는 이것이 두렵다. 성인의 도를 보호하고, 양·묵을 물리치고,

음탕한 말은 내쫓으면, 사악한 주장이 생겨날 수 없다. (······)
양주와 묵적을 물리쳤다고 말할 수 있는 자는 성인의 무리다.

(『맹자』「등문공」)

양주는 자신의 생명을 소중히 여기라고 하지만, 맹자는
인의와 도덕을 위해서는 자신의 생명까지 희생시킬 수 있다
는 입장이므로 두 사람의 입장이 상반된다고 할 수 있다. 맹
자는 양주의 '위아' 사상이 아버지를 부정하는 짐승 같은 사
상이라고 매도하였다. 그래서 맹자 이후로 양주는 사람들을
미혹시키는 사악한 주장으로 여겨지게 되었다.

전국 시대가 끝나고 진(秦)나라가 통일한 천하를 이어받
은 한(漢)나라는 유가 사상을 국학으로 삼았다. 따라서 공자
에 버금가는 성인으로 여겨지는 맹자의 말은 무시할 수 없
는 것이 되었고, 양주는 맹자의 말처럼 물리쳐야 하는 사상
이 되었다.

사실 양주의 사상은 묘한 매력이 있어서 인심을 사로잡을
수 있었다. 사람들의 타고난 본성이나 욕구를 긍정하기 때문
에 쉽게 받아들일 수 있었던 것이다. 그런데 양주의 사상이
유행하는 것이 유가에게 큰 위협이 된 것은 사실이다.

묵적에서 달아나면 반드시 양주에게로 가고, 양주에게서 달아나면 반드시 유가에게로 오는데, 그들을 받아주면 그만이다. 지금 양·묵과 다투는 자는 달아난 돼지를 쫓는 것과 같아서, 우리에 들어갔는데 또 쫓아가서 묶는다. (『맹자』「진심」)

후한 말에 이르면 조기(趙岐)를 비롯한 대부분의 학자들이 맹자의 말을 따라 양주를 이단으로 여기게 되었다.

그런데 양주를 싫어한 이들은 유가만이 아니었다. 장자를 비롯한 도가 또한 양주에 대해 탐탁지 않게 여겼다.

말에서 군더더기 살이라는 것은 기와를 쌓고 줄을 꼬면서 말을 두드리고 다듬고, 견백동이(堅白同異: 단단하고 흰 돌은, 만져서는 단단한 줄 알아도 흰 줄은 알 수 없으며, 보아서는 흰 줄 알아도 단단한 줄은 알 수 없으므로 단단함과 흼은 동시에 성립할 수 없다는 궤변)와 같은 궤변에 마음을 쓰고, 쓸모없는 말을 힘써 칭찬하는 것이 아니겠는가? 그것이 바로 양주와 묵적이다. 그것은 모두 군더더기 살과 육손이의 도일 뿐, 천하 최고의 올바른 도는 아니다. (『장자』「변무(騈拇)」)

증삼(曾參)과 사추(史鰌)의 행동을 없애고, 양주와 묵적의 입을 막고, 인의를 내팽개치면 천하의 덕이 비로소 오묘하게

증삼(기원전 506~기원전 436년경, 왼쪽)과 사추(?~?)는 인의를 대표하는 인물이다. 사추는 주군을 바르게 이끌지 못했다며 임종할 때 예를 차리지 말라고 아들에게 부탁해, 주군으로 하여금 잘못을 깨닫게 한 고사로 유명하다.

하나가 된다(玄同). (……) 그 증삼·사추·양주·묵적·사광·공수·이주³⁾는 모두 밖으로 그 덕을 세워 그로써 천하를 미혹시키고 어지럽힌 자들로, 법도 쓸모가 없었다. (『장자』 「거협(胠篋)」)

푸단(復旦)대학 역사학과의 허아이궈(何愛國) 교수는 전국시대 제자백가들이 너도나도 양주를 공격했다고 말한다.⁴⁾ 이것은 뒤집어서 생각해보면, 양주 사상이 당시에 얼마나 널리 퍼져 있었는가를 방증해준다. 양주는 곧 모든 제자백가의 적이었던 것이다. 중국 수천 년 역사에서 주류로 자리 잡았

허난성 카이펑시에 있는 우왕대(禹王台) 공원에 있는 사광의 석상.

던 유가 사상도 다른 사상 유파들로부터 얼마나 많은 공격
을 받았는가를 보면 짐작할 수 있는 일이다.

선진 시대 양주에 대한 부정적 견해들은 당·송(唐宋) 시대
에 이르러 더욱 견고해졌다. 그리고 한나라 무제에 이르러
유가 사상이 국가 이데올로기로 자리 잡으면서 양주는 묵적
과 더불어 유가에 대치되는 사상으로 여겨지게 되었다.

그러나 청(淸)나라 말기가 되어 서양 사상이 중국에 들어

오고 유가 사상의 대안이 모색되면서, 양주에 대한 평가가 180도 달라진다. 그는 '자유 투사'로, '권리를 주장한 철학자'로, '쾌락주의자'로, '개인주의자'로 변신했다. 드디어 양주가 사상의 무대로 돌아왔다. 이것은 '개인'의 시대가 열렸기 때문이다. 그래서 그가 주장한 '나를 위한 삶'이 다시 주목받기 시작했다.

제2장 묵자의 '겸애(兼愛)': 더불어 살아가자

묵자의 이름은 적(翟)이며, 춘추 시대 말기에서 전국 시대 초기 사람으로 알려져 있다. 어떤 이는 묵자가 송(宋)나라 사람이라고 하고, 어떤 이는 등(滕)나라 사람이라고도 하는데, 정확한 것은 알 수 없다.

그의 출신 성분에 대해서도 여러 가지 다른 주장들이 있다. 특히 그의 이름에 '묵(墨)'자가 들어가기 때문에 그로 인한 추측들이 많다. 어떤 이는 '묵'이 과거에 목수들이 물건을 제작할 때 줄을 긋기 위해 사용하던 것(먹줄)이므로 묵자의 직업이 목수였을 것이라고 주장한다. 또 어떤 이는 '묵'이란 고대의 점술사가 거북이 등에 그림을 그려 점을 칠 때 사용

묵자의 초상화. 묵자는 맹자가 "머리끝에서 발끝까지 온몸이 닳도록 천하를 이롭게 하기 위해 노력한 사람"이라고 평가했을 정도로 세상을 위해 자신을 희생한 사람이다.

하던 것이었고, 당시에는 종교와 정치가 하나였던 제정일치의 시대였으므로 묵자의 신분이 상당히 높았을 것이라고 주장한다.[5] 정반대로, 묵자의 신분이 천민이었다는 주장도 있다.[6] 고대에는 얼굴이나 팔뚝에 먹물로 죄명을 새기는 형벌이 있었는데, 묵자는 그런 형벌을 당한 사람이라는 것이다.

이렇듯 묵자의 생몰 연대와 출신 성분이 모두 명확하지 않지만, 한비자가 묵자를 유가 사상과 더불어 '천하의 현학

(玄學)'이라고 말한 것을 보면 당시 그의 영향력을 충분히 가늠할 수는 있다. 정확한 것은 아니지만, 궈모뤄는 『십비판서(十批判書)』에서 묵자의 제자가 180여 명에 이르렀다고 주장하였던 것을 보면, 묵자의 제자가 공자의 제자만큼이나 많았던 것으로 추정된다.

묵자도 처음에는 『시(詩)』『서(書)』『예기(禮記)』『춘추(春秋)』등 유가 경전을 공부하였으므로, 기본적인 개념과 가치 그리고 이상적 사회상 등에 대해서는 유가와 생각을 공유하였지만, 그것을 이루는 방법에 대해 이들과 생각을 달리하였고, 당시 유학자들이 보여준 세태들에 대해서 불만을 갖고 묵가라는 학파를 창설하였다고 전해진다.

묵자의 주요한 주장들을 살펴보면 유가와 다르다는 것을 분명하게 알 수 있고, 묵자의 10대 주장이라고 할 수 있는 것은 겸애(兼愛)·비공(非攻)·상현(尙賢)·상동(尙同)·천지(天志)·명귀(明鬼)·비악(非樂)·비명(非命)·절용(節用)·절장(節葬) 등이다. 이 중에서도 가장 핵심적인 사상을 꼽는다면 그것은 겸애일 것이다.

'겸애'란 함께 사랑하라는 의미다. 공자도 자신의 핵심적 주장인 인(仁)을 '애인(愛人)'이라고 풀이한 것을 보면, 두 사람은 사람을 사랑해야 한다고 생각한 점에서는 의견이 같았다는 것을 알 수 있다. 그러나 묵자는 공자의 사랑과는 다른 자

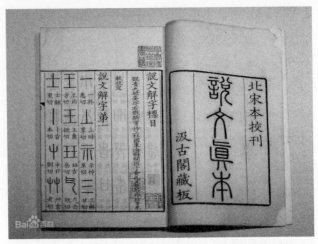

「설문해자」는 중국 동한의 허신이 쓴 중국에서 가장 오래된 사전이다.

신만의 주장을 펼쳐 유가에 대항하였다. 묵자는 공자의 차별적 사랑에 대해 무차별적 사랑을 주장했다.

동한(東漢) 시대 허신(許慎)이 쓴 『설문해자(說文解字)』에 따르면, 겸애의 '겸(兼)'자는 두 사람이 벼[禾]를 함께 들고 있는 모양을 나타내는 글자다. 묵자는 그것을 사회를 구성하는 여러 개인들이 이익을 공유하는 하나 된 모습으로 이해한 것이라고 할 수 있다. 그러므로 묵자의 겸애는 '이익을 함께 나누기(交相利)'와 함께 이해된다. 이익을 중시했다는 점이 특히 유가와는 다르다. 공자가 이익을 완전히 무시한 것은 아니지만, 묵자만큼 중시하지는 않았기 때문이다.

함께 사랑하기와 따로 사랑하기

묵가는 언제나 함께 사랑하라고 가르친다. 그가 보기에 천하가 혼란한 이유는 딱 하나, 함께 사랑하지 않고, 따로 사랑하기 때문이다.

대부가 저마다 자신의 집안을 사랑하고 다른 집은 사랑하지 않고 다른 집을 혼란에 빠뜨려 자기 집을 이롭게 하고, 제후국들이 저마다 자기 나라만 사랑하고 다른 나라를 사랑하지 않고 다른 나라를 공격하여 자기 나라를 이롭게 한다. 천하의 혼란이라는 것은 이런 것일 뿐이다! 이런 일이 어떻게 일어났는지 살펴보면, 모두 서로 사랑하지 않았기 때문이다. (『묵자』「겸애」)

묵자가 비난한 따로 사랑한다는 것, 즉 별애(別愛)라는 것은 나와 너를 구분하는 것으로, 전적으로 유가 사상을 콕 꼬집어 말한 것이다. 묵자가 보기에 전국 시대 유가들이야말로 사회의 혼란을 불러일으킨 주범인데, 그 이유가 바로 이들이 주장한 따로 사랑한다는 것에 있다. 유가는 그것이야말로 성왕(聖王)의 도라고 주장하지만, 묵자가 보기에 성왕의 도는 바로 함께한다는 것[兼]이다.

함께한다는 것[兼]은 성왕의 도다. 그리하여 왕공(王公)·
대인(大人)도 편안하고, 만민의 의식주도 충분해진다. (『묵자』
「겸애」)

물론 겸애는 자신이 가진 것을 무조건 나누어 주라는 무
조건적인 사랑은 아니다. 서로 사랑하는 것은 곧 서로 이익
을 나누는 것(交相利)이다. 그렇게 되면 이익은 늘어나고 손
해는 줄어든다. 그러므로 그는 "인(仁)은 사랑이고, 의(義)는
이익이다"라고 단언한다.

중국의 저명한 철학자 장대년(張岱年, 1909~2004)은 묵자가
말하는 이익은 사적 이익이 아니라 공적 이익[公利]이라고
말하였는데, 묵자는 언제나 겸애란 천하의 이익을 위한 것이
라고 얘기했기 때문이다.

어진 사람이 해야 하는 일은 반드시 천하의 이익을 늘리고
천하의 손해를 없애는 것으로, 이런 것을 일로 삼아야 한다.
(『묵자』「겸애」)

묵자에게 세상은 혼자 살아가는 곳이 아니다. '함께' 살아
가는 곳이다. 그것은 그저 같은 공간, 같은 시간에 같이 있다
는 것만을 의미하는 것이 아니라 서로 사랑하고 서로 이익

을 공유하는 것을 말한다. 내 것, 네 것을 따지다가 세상이 너무나 혼란해졌고, 결국 춥고 배고프고 힘든 것은 백성의 몫이 되었기 때문이다.

> 인(仁)이란 곧 의(義)다. 그러므로 사람을 사랑하고 사람을 이롭게 하고, 이렇게 하늘의 뜻을 따르면 하늘의 상을 받게 된다. (『묵자』「천지(天志)」)

'인=의'의 등식은 그 중심에 사람[人]이 있기 때문에 성립할 수 있다. 묵자는 항상 그 관심이 천하, 그 속에 사는 사람들에 있었기 때문이다. 그는 이들이 배고프지 않고, 춥지 않고, 어지럽지 않은 세상에서 살기 원했다. 그런 세상이 바로 그는 '안생생(安生生)'의 사회라고 말한다. '안생생'이란 편안한 삶을 의미한다. 몸과 마음이 편안하기 위해서는 무엇보다도 천하가 어지럽지 않아야 한다. 방법은 하나, 마음을 하나로 합치는 것밖에 없다. 이것을 위해 묵자는 의를 하나로 하는 것, 즉 상동(尙同)을 주장한다.

너도나도 옳다고 하니 어지러운 거야

의란 다스림을 말한다. 어째서 의가 다스림을 말하는 것이라고 하는가? 말하기를, 천하에 의가 있으면 다스려지고 의가 없으면 혼란하므로, 의가 다스림을 말하는 것이라고 하는 것이다. (『묵자』 「천지」)

그런데 사람들은 저마다 자기 말이 옳다고 주장하고, 자기 말에 따라 세상이 다스려지기를 원한다. 그렇게 되면 세상은 혼란해질 수밖에 없다. 그래서 묵자는 세상의 의가 하나가 되어야 한다고 주장한다. 그것이 바로 상동(尚同)이다. 그것은 '위[上]'와 같아진다는 의미다. 즉, "위가 옳다고 하는 것은 반드시 모두가 그것을 옳다고 여겨야 하고, 틀리다고 하는 것은 반드시 모두가 그것을 틀리다고 여겨야 한다(上之所是, 必皆是之, 所非, 必皆非之)"는 말이다. 이렇게 하여 천하의 의를 하나로 통일해야 한다는 것이 묵자의 생각이다.

여기서 무조건 위를 따라야 한다는 의미는 아니다. 위는 당연히 아래의 모범이 되어야 한다. 어떻게 이것이 가능할까? 위가 반드시 따라야 하는 선례가 있기 때문이다. 이것을 '삼표(三表)'라고 한다. 첫 번째는 옛 성왕의 일이고, 두 번째는 백성이 눈과 귀로 겪은 일, 세 번째는 백성의 이익이 되는지를 가지고 정책을 만드는 일이다. 이 세 가지 기준에 따라서 의를 주장하는 윗사람을 누가 거역하겠는가? 그러므로 묵자는 다음과 같이 당당하게 주장하였다.

> 의롭지 않으면 부유해질 수 없고, 의롭지 않으면 귀해질 수도 없고, 의롭지 않으면 친해질 수도 없고, 의롭지 않으면 가까워질 수도 없다. (『묵자』「상현(尙賢)」)

경제적 풍요와 발전은 정치적 안정에서 기인한다는 것이 묵자 견해의 요지다. 정치적으로 안정된 사회란 천자(天子)를 중심으로 이데올로기가 통일된 사회다. 그렇다면 묵자는 독재를 꿈꾸었던 것일까? 그것은 아니다. 묵자가 생각하는 천자라는 존재는 바로 백성들이 세상에서 가장 "어질고 훌륭하고 성스럽고 지혜롭고 분별력 있는 사람들" 중에서 뽑은 사람이기 때문이다.[7] 천자-삼공(三公)-제후-공경(公卿)-대부-이장(里長)-향장(鄕長)으로 이어지는 계급들은 단순히 세습적인 지위를 의미하는 것이 아니라 각각 그들의 도덕과 재능을 의미하는 셈이다. 진정으로 그것에 기반한 공동체가 바로 묵가 집단이었다. 묵자는 실제 사회와 국가도 묵가 집단처럼 도덕과 재능에 따라 조직될 수 있을 것이라고 믿었으며, 그것이야말로 바로 하늘과 귀신의 뜻이라고 생각했다.

귀하고 지혜로운 사람들을 써서 어리석고 천한 사람들을 다스리도록 하면 곧 잘 다스려지고, 어리석고 천한 사람들을 써서 귀하고 지혜로운 사람들을 다스리도록 하면 곧 어지러워진다. 이것이 바로 현명한 사람을 숭상하는 것[尚賢]을 정치의 근본으로 삼는 이유이다. (『묵자』「상현」)

현명한 사람들에 의한 정치, 이것이 바로 묵자가 원한 올바른 정치다. 천자부터 말단 관리에 이르기까지 자신의 능력에 따라 자리를 갖게 되는 사회, 이것은 현대 관료제가 추구하는 이상적 모습이다.

그런데 많은 이들이 묵자가 꿈꾸었던 정치 사회를 이상 사회라고 말하였다. 전국 시대의 실상을 보면 묵자의 예상과는 전혀 달랐기 때문이다. 그렇다면 묵자는 어떻게 자신의 이상을 실현할 수 있다고 생각했을까? 보다 강력한 수단이 필요했다. 그것이 바로 엄격한 상벌 제도다.

하나 되기 위한 당근과 채찍, 상과 벌

엄격한 군기와 공정한 상벌은 묵가 집단의 중요한 특징이다. 묵가의 상벌은 유가나 법가처럼 인간의 본성에 근거한 것이 아니다. 그것은 하늘과 귀신의 뜻에 의한 것이다. 그러므로 상벌은 천자라도 피할 수 없다.

늘의 뜻에 따르는 자는 더불어 서로 사랑하고 서로 이익을 나누니, 반드시 상을 받는다. 하늘의 뜻에 반하는 자는 따로 서로 미워하고 서로 적으로 삼으니, 반드시 벌을 받는다. (『묵자』「천지」)

천자가 선을 행하면 하늘이 그를 상을 주고; 천자가 폭력을 행하면 하늘이 그를 벌준다. (『묵자』「천지」)

상과 벌을 통해 "천하의 선을 행하는 자는 부추기고, 폭력을 행하는 자는 막는다(使天下之爲善者勸, 爲暴者沮)." 그가 천하의 선이라고 말한 것은 바로 서로 사랑하고 서로 이익을 나누는 것이다. 그것을 잘하면 상을 주고, 그것을 못하면 벌을 받도록 한다.

물론 상벌은 민심과 맞아떨어져야 한다. 그래야만 상벌의 합리성과 정당성이 받아들여지기 때문이다. 이렇게 상하가 한마음이 되고, 진정한 '상동'이 이루어지게 된다. 천자가 이런 방법을 이용하여 자신의 권력을 더욱 강화하고 정당화하기 위해서는 귀신처럼 백성들의 말을 들어야 하는데,[8] 수천

리 밖에 사는 사람이 선을 행했다고 하면 가족도 모르고 동네 사람은 몰라도 천자는 그 사람을 찾아내어 반드시 상을 주어야 한다. 천자는 상벌을 통해 하늘과 귀신의 뜻을 대신 집행한다. 이것을 제대로 수행하지 못할 경우 천자라도 벌을 받게 된다.

그중 가장 큰 벌은 나라를 잃게 되는 것이다. 그러므로 천자는 반드시 선악을 근거로 하여 상벌을 시행해야 한다. 이런 이유로 묵자의 사상을 평등주의라고 말하기도 한다.

그러나 묵자에게 상벌을 행하는 이는 위이지 아래가 아니다. 이것은 묵자도 분명히 알고 있고, 그래야 한다고 생각하였다. 이것은 전국 시대의 봉건적 위계질서를 감안하면 어쩌면 당연한 일이었다. 그럼에도 불구하고 묵자는 시급한 것은 혼란을 피하는 일이라 생각하였고, 그러기 위해서는 위와 아래가 한마음이 되어야 한다고 생각하였다. 그런데 사람들은 그런 큰 뜻을 위해서 행동하지 않고 오히려 제멋대로 행동함으로써 혼란을 가중시킨다. 자신만을 사랑하고, 자기 가족만을 사랑하고, 자기 마을만을 사랑하고, 자기 나라만을 사랑한다. 그런 이기적인 인간들이 함께 살아가는 법을 배울 수 있도록 보다 강력한 수단이 필요했고, 이것이 바로 엄격한 상벌이었다. 그러나 상은 몰라도 벌은 언제나 저항을 불러오는 법이다. 그래서 이것을 지지하는 하늘과 귀신의 힘이

산둥성 텅저우시에 있는 묵자기념관의 묵자 상. 묵자기념관은 세계에서 유일하게 묵자의 문화, 자료 등을 전문적으로 수집하고 묵자에 대한 연구 성과를 전시해놓고 있다.

필요했던 것이다.

　그렇다고 해서 묵자가 다른 종교처럼 초월적인 존재들을 우선시하는 것은 아니다. 하늘과 귀신은 자신의 겸애 사상을 실행하기 위한 도구적 존재들일 뿐이다. 상벌 또한 마찬가지이다. 법가가 상벌을 법치를 실행하기 위한 수단으로 사용하는 것과 달리, 묵자의 상벌은 선악에 대한 도덕적 가치관과 밀접한 관련이 있다. 묵가가 선이라고 생각한 것은, 똑똑하고 능력 있는 사람을 존중하는 것(상현), 위아래가 하나의 의를 따라 뭉치는 것(상동), 열심히 일한 결과에 따라 인정받는 것 등등 모두 하나가 되기 위한 것들이었다. 이에 대해서는 하늘과 귀신이 나서서 돕고, 그렇지 않은 것들에 대해서는 벌을 준다. 이렇게 하여 겸애 사회를 건설하고자 했다.

묵가는 하나의 집단을 형성하여 자신의 생각을 구현하였다. 그런데 묵가의 기율은 아주 엄격하기로 유명하였고, 기율을 어기면 추방되거나 심한 경우에는 죽음을 당하기도 하였다. 이들의 우두머리는 '거자(巨子)'라고 불렀으며, 그 구성원은 모두 '묵자(墨者)'로 불렀다. 거자는 법의 주체이며 집행자로서, 묵자들은 거자의 명령이라면 뜨거운 물이나 불속에도 뛰어들었을 정도였다고 한다. 제1대 거자는 묵자였고,[9] 제2대는 금화리(금화리/금활리/금골리?(禽滑釐))라고 전해진다. 전임 거자는 엄격한 심사와 충분한 숙고를 거쳐 묵자들 중에서 후임 거자를 선출한다. 이들은 원칙을 엄격하게 준수하기 때문에 이들의 가족이 범죄를 저질렀을 경우에도 봐주는 일이 없을 정도였다. 이것이 바로 상현과 상동을 실현한 묵자의 이상 사회였다.

자기만 사랑하면 진짜 똑똑한 것이 아니다!

묵자는 서로 사랑하는 세상을 만들기 위해서는 특히나

능력 있는 사람들의 역할이 중요하다고 생각했다. 그것이 바로 '상현(尚賢)'이다.

묵자는 상현이 정치의 근본이라고 생각했는데, 그것은 국가에 현명한 인재가 많다면 정치가 제대로 이루어지고, 그렇지 않다면 제대로 다스려지지 못할 것이라고 보았기 때문이다.[10]

그런데 묵자는 능력 있는 인재를 얻기 위해서는 무엇보다도 유가 사상에 의해 지지되어왔던 혈연관계와 신분 제도에 근거한 관리 임용 제도는 철폐되어야 한다고 생각했다. 고대 중국에서는 종법(宗法) 제도 아래서 혈연관계에 있는 사람들끼리 관직과 봉토를 나누어 가졌고, 이것을 대대로 세습하였다. 종법 제도란 씨족 사회의 부계 중심 가장 제도가 발전한 것으로, 왕을 비롯한 귀족들이 자신들의 혈연관계를 중심으로 국가 권력을 배분하고 자신들의 지위를 세습하기 위한 하나의 사회 제도로 자리 잡게 되었다. 하(夏)·상(商)·주(周)의 고대 국가들은 모두 이런 제도 아래 봉건 왕조를 구축했다. 그런데 이것은 결국 귀족들의 자기 밥그릇 챙기기의 일환인 것이다. 그러다보니 자신의 신분을 믿고 일을 제대로 하지 않거나, 능력이 없어도 윗자리에 앉아 있는 자들이 수두룩했다. 유가는 그것을 성현의 옛 제도라고 하면서 바꿀수도 없고 바꾸어서도 안 된다고 말한다. 하지만 사실은 그렇지 않다고 묵자는 말한다.

옛날에 성왕은 정치를 함에 덕을 행하고 현명한 자들을 중시했으며, 농사를 짓거나 기술자라도 능력이 있으면 뽑았고, 그에게 작위를 높여주고 봉록을 많이 주고 직위를 주어 일을 시켰다. (『묵자』「상현」)

제대로 된 인재를 뽑아 "반드시 그를 부유하게 만들고, 귀하게 만들고, 공경하고, 명예롭게 해야 한다. ……" 인재가 자신의 능력을 맘껏 펼칠 수 있도록, 능력이 있으면 "그의 관직을 높여주고, 봉록을 많이 주고, 일을 맡기고, 명령을 내리게 한다."[11] 능력 있는 사람에게 지위를 주고 힘을 주면 세상이 잘 돌아갈 것이라는 것은 지금 사람이라면 누구나 다 안다. 그런데 묵자 시절의 세상은 이렇게 돌아가지 않았다. 오히려 어리석고 천한 자들이 귀하고 똑똑한 자들을 다스리고 있으니 혼란스러운 것이라고 묵자는 생각했다.

묵자가 똑똑한 자라고 말한 이들은 높은 학력과 많은 지식을 가진 사람들만을 가리키는 것이 아니다.

똑똑한 자가 장관이 되면, 밤늦게 자고 일찍 일어나며, 관문과 시장, 산림과 못, 다리에서 얻어지는 이익을 거두어 관청을

드라마 〈봉신방지봉명기산(封神榜之鳳鳴岐山)〉(2006)에서 대만 배우 마징타오 (馬景濤)가 폭군 주(紂)를, 그리고 그가 사랑했던 시대의 악녀 달기(妲己)를 판빙 빙(範冰冰)이 연기했다.

채운다. 이리하여 관청은 충실해지고 재물은 흩어지지 않는다.

똑똑한 자가 고을을 다스리면, 일찍 나가고 늦게 들어가며, 밭

을 갈고 씨를 뿌리고 나무를 가꾸고 곡식을 거두어들인다. 이렇

게 하여 곡식을 많이 수확하여 백성이 먹기에 충분해진다. 그러므로 나라가 다스려지고 형법이 바르게 된다. (『묵자』「상현」)

세상에는 스스로 똑똑하다고 말하는 자들이 많지만, 자신의 이익만을 위해 일하거나, 더 심한 경우에는 다른 사람에게 해를 끼치면서까지 자신의 이익을 추구하기도 한다. 이런 이들은 진정으로 똑똑한 자들이 아니며, 이런 이들을 따르라고 묵자가 말하는 것이 아니다. 묵자가 말하는 똑똑한 자는 자신이 아는 것을 사회와 국가를 위해 사용할 줄 아는 자들이다. 즉, 내가 아니라 남을 사랑할 수 있는 자를 말한다. 그리고 모범이 되어 사람들을 서로 사랑할 수 있도록 이끌어줄 수 있는 사람을 말한다. 이것이 진정한 엘리트일 것이다. 현대에는 누구나 학력만 높으면 지식인이라고 외치는데, 묵자가 들으면 "너는 정말 똑똑한 사람은 아니야!"라고 호통칠 것이다. 자신의 지능과 능력을 사회를 위해 사용하고 있다면, 그제야 비로소 묵자의 엘리트가 될 수 있다. 물론 단지 몇 번이 아니라 묵자처럼 평생을 '발끝부터 머리끝이 닳도록' 사람을 사랑할 자세가 되어 있을 때 말이다.

세상에 타고난 운명이란 없다!

공자의 문하에서 열 손가락 안에 드는 제자였던 자하(子夏)는 "생사는 명(命)에 달려 있고, 부귀는 하늘에 달려 있다"[12]고 함으로써 운명론을 전개하였다. 이것은 공자가 자신이 아끼던 제자 백우(伯牛)가 중병이 들자 찾아가서 "그가 죽는구나, 명(命)이다! 이 사람도 이런 병이 드는구나! 이 사람도 이런 병이 드는구나!"라고 한탄한 이후, 사실 공자 자신은 운명에 대해서는 몇 마디 하지 않았지만 공자 사후의 유가들은 운명론을 깊게 믿게 되는 계기가 되었다.

그런데 이것은 위계적 질서가 고착화된 사회에서 신분과 계급을 정당화하는 수단으로 작용하면서, 전국 시대에 들어서면 사람들은 더 이상 자신의 운명을 개척하려고 들지 않는 풍조를 만들고 말았다. 이에 대해 심히 우려한 사람이 바로 묵자다. 묵자는 사람들에게 운명이란 존재하지 않으며, 중요한 것은 인간의 노력이라고 외쳤는데, 이것이 바로 그의 '비명(非命)' 사상이다.

> 옛날 걸(桀: 하나라 마지막 임금)이 혼란을 초래하자 탕(湯: 상나라 첫 임금)이 그를 물리치고 다스렸고, 주(상나라 마지막 임금)가 혼란을 초래하자 무왕(武王: 주나라 제2대 임금)이 그를 물리치고

다스렸다. 이 세상에 백성은 바뀐 적이 없는데, 결과 주가 있을 때는 천하가 어지러워졌고, 탕과 무가 있을 때는 천하가 다스려졌는데, 어찌 운명이 있다고 할 수 있겠는가! (『묵자』「비명」)

걸과 주는 중국 역사를 통틀어 가장 악명 높은 폭군들이다. 백성들은 한결같은데 왜 그때만 세상이 어지러워졌을까? 묵자는 그 주요한 원인이 바로 운명론자들이 너무 많아졌기 때문이라고 생각했다. 묵자는 운명론자들의 폐해가 너무나 크다고 보았다.

명이 있다고 믿는 자들이 민간에 많이 섞여 있다. 명이 있다고 믿는 자들은 말한다. "운명이 부유하면 부유하고, 운명이 가난하면 가난하고, 운명이 많으면 많고, 운명이 적으면 적고, 운명이 다스려지면 다스려지고, 운명이 혼란하면 혼란하고, 운명이 장수하면 장수하고, 운명이 요절하면 요절하니, 운명이다. 비록 강하게 거부해도 무슨 소용이 있겠는가?" 그러므로 위로는 왕공 대인, 아래로는 백성들이 일을 할 때, 운명을 믿는 자들은 어질지 못하다. 그러므로 운명을 믿는 자들의 말은 분명하게 밝히지 않을 수 없다. (『묵자』「비명」)

상벌을 통해 상하의 잘못을 바로잡고 싶어한 묵자에게 운명론은 큰 걸림돌이 될 수밖에 없었다. 운명론자들은 상벌 또한 운명에 따른 것이라고 주장하기 때문에, 군주는 어차피 군주로 태어났으니 정의롭지 않아도 되겠지라고 생각하고, 신하는 신하대로 충성을 하지 않아도 된다고 생각하고, 아버지는 아버지대로 자식을 사랑하지 않아도 된다고 생각하고, 자식은 자식대로 효도하지 않아도 된다고 생각하고, 형은 형대로 자상하지 않아도 된다고 생각하고, 동생은 동생대로 형을 따르지 않아도 된다고 생각하게 될 것이기 때문이다. 결국 사회의 정의는 사라지고 말 것이고 모두 자신들의 이익을 위해서 물고 뜯으며 다툴 것이다. 그러므로 묵자는 운명론을 '폭군의 도'라고 말한다.

그런데 왜 운명을 아는 것이 폭군의 도일까? 옛날 가난한 백성은 음식에 욕심을 내고 일은 하지 않으려고 했다. 이 때문에 옷과 음식 등의 재화가 부족해져서 기아와 추위의 걱정이 생겼고, 모르고 하는 소리가 "나는 둔하고 게을러서 일이 서툴러." 그러고는 반드시 이렇게 말한다. "내 운명은 원래 가난해." 옛날 폭군은 눈과 귀의 간사함을 참지 못하고, 마음이 비뚤어져 친척을 따르지 않고, 결국은 국가를 잃고 사직을 들어엎었는데, 모르고 하는 소리가 "내가 모자라서 정치를 잘하지 못했어." 그러고는 반드시 이렇게 말한다. "내 운명이 원래 그것을 잃는 거야."(『묵자』「비명」)

자신의 책무를 다하지 않고 향락만 추구해서 나라를 잃은
후 자기 자신이 아니라 운명만을 탓하는 이들이 위에 넘쳐
나면 아래가 그것을 따라 하게 되고 그래서 결국 세상이 혼
란해졌다고 묵자는 지적한다.

우리가 잘 알고 있는 '주지육림(酒池肉林)'이란 고사성어는
바로 이들 폭군들의 향락적이고 방탕한 생활을 일컫는 말이
다. 술로 연못을 만들고 고기로 숲을 만들어 놓았다는 '주지
육림'은 백성들과 정치에는 관심이 없고 놀고 마시며 즐기는
것에만 열중했던 폭군들의 삶을 상징적으로 보여준다. 이들
은 자신들의 책무를 방기하고 즐기기만 하면서 이것을 자신
들의 운명이라고 여겼고, 운명은 바뀌지 않는다고 생각하니
노력하지 않아도 된다는 안일한 생각에 빠지게 되었다. 그렇
게 나라를 잃고 사람들로부터 폭군으로 비난을 받게 된 것
이다.

이렇듯 운명론이란 하늘에게도, 귀신에게도, 그리고 인간
자신에게도 이롭지 않다.[13] 그러므로 폭군의 도, 즉 폭군으로
가는 지름길이라고 할 수 있는 것이다.

묵자가 비난하는 운명론이란 결국 민간에서 소소하게 행
해지고 있는 토정비결이나 사주팔자 등의 재밋거리를 말하

는 것이 아니다. 자신의 신분과 계급을 하늘이 정해준 운명이라고 말하면서 자기 일을 제대로 하지 못하여 나라를 잃고 결국은 백성을 고통스럽게 하는 '위'를 향하여 "운명이 아니야!"라고 외친 것이다.

전쟁은 의롭지도, 이롭지도 않다!

묵가가 활동한 전국 시대는 전쟁이 무척이나 빈번하게 일어났던 시대다. 특히 큰 나라가 작은 나라를, 큰 가문이 작은 가문을, 강한 자가 약한 자를, 수가 많은 자들이 수가 적은 이들을, 영리한 자들이 어리석은 자들을, 귀한 자들이 천한 자들을 공격하고 가진 것을 빼앗는 시대였다. 이런 때에 약자의 편에 서고자 한 것이 바로 묵가였고, 배운 사람이라면 너 나 할 것 없이 어떻게 하면 강한 나라가 될 것인가 방책을 주장하면서 민생에 무관심하고 자신들이 출세할 궁리만 하던 때에 전쟁하고 약탈하는 것에 용감하게 맞서고자 한 이가 바로 묵자였다.

묵가 집단은 유가와 달리 무예에 능하였으며, 특히 수비술에 탁월했다. 전쟁에 반대하는 평화주의자들인 묵가는 약소국의 편에 서서 강대국을 물리치는 수비술을 선보여 약소국을 돕기도 하였다. 이들은 말로만 평화를 떠든 것이 아니라 몸소 실천하였다. 비공(非攻) 사상은 겸애 사상을 현실의 국제 정치에 적용한 것이라 할 수 있다. 모두들 다른 나라를 자기 나라처럼, 다른 가문을 자기 가문처럼 사랑한다면 과연 사람들이 서로 공격을 하겠는가? 그러므로 유명한 중국의 철학자 펑위란은 겸애와 비공이 묵자의 비폭력 사상의 양면이라고 말한 것이다. 즉, 겸애는 국내 정치에서 이루어지는 비폭력을 표현한 말이고, 비공은 대외 정치에서 이루어지는 비폭력이라는 것이다.[14]

묵자가 아무리 서로 사랑하라, 서로 싸우지 말라고 얘기해도 많은 이들이 납득하지 못했다. 그래서 묵자는 전쟁이 의롭지도, 이롭지도 않다는 이유를 들어 논리적으로 설득하려고 하였다.

한 사람을 죽여도 의롭지 않다고 하면서, 반드시 죽을죄를 내린다. 만약 이 주장대로라면, 열 명을 죽이면 열 배는 의롭지 않은 것이니 열 번은 죽여야 한다. 백 명을 죽이면 백 배는 의롭지 않으니 백 번은 죽여야 한다. 이에 대해 천하의 군자가 모두 그러면 안 된다고 하고 그것을 의롭지 않다고 말한다. 오늘날에는 큰 나라가 다른 나라를 공격하는 것은 크게 의롭지 못한 것임에도, 그러면 안 된다는 것을 알지 못하고 그것을 오히려 명예롭게 여기고 의롭다고 말한다. (『묵자』「비공(非攻)」)

전쟁을 하면 다른 나라 사람은 물론이고 자기 나라 사람도 셀 수 없이 죽게 된다. 묵자가 보기에, 사람을 죽이는 것은 의롭지 않다. 그렇다면 전쟁은 더 말할 것이 없다. 그럼에도 불구하고 천하의 위정자들은 전쟁을 의롭다고 하면서 수많은 사람들을 죽인다. 그것은 현대에도 마찬가지다. 전쟁을 하기 위해서는 대의명분이 항상 필요한 법이다. 이것이 바로 정의전쟁론이다. 어디까지가 정의로운 전쟁이라고 할 수 있을까? 마이클 왈저(Michael Walzer) 같은 이는 어느 전쟁이나 도덕적 책임이 따른다고 말한다. 사람이 죽는 것을 합리화할 수 있는 전쟁이란 있을 수 없다. 물론 침략받은 경우에는 얘기가 다르다. 그러나 침략하는 쪽은 어느 경우에라도 정당할 수 없다. 묵자의 말로 하자면, 의롭지 않다.

명백하게 의롭지 않다는 것을 알면서도 그들은 왜 전쟁을 할까? 그것은 다른 나라를 공격하는 것이 자국에 이롭다고 판단하기 때문이다. 이에 대해 묵자는 반박한다. 전쟁을 시작하면 일상적인 경제 활동이 모두 불가능해지고 전쟁에만 치중해야 한다.[15]

영화 〈묵공(墨攻)〉(2006)에서 류더화는 묵가의 거장인 화자(革子) 역할을 맡았다.
그는 항상 허름한 검은 옷을 입고 자신의 나라가 아닌데도 목숨을 바쳐 겸애를
실천하는 인물로 그려졌다.

봄에 전쟁을 하게 되면 모내기를 할 수 없을 것이고, 가을에
하게 되면 추수를 할 수 없을 것이다. 그렇게 되면 경제적으로
큰 손실임이 틀림없다. 게다가 전쟁에는 막대한 비용이 들어간
다. 그 비용은 거의 회수할 수 없다. 살찐 말을 데리고 전쟁에

나간 병사가 피골이 상접해서 말라비틀어진 말을 데리고 돌아오지만, 사람이나 말이나 회복되지 못하는 경우가 부지기수다. 출전하지 않은 백성들도 살기 어렵기는 마찬가지다. 가능한 재화들은 모두 전쟁에 동원되었기 때문에 먹고 입을 것이 부족하여 병들어 죽는 자가 속출하였다. (『묵자』「비공」)

전쟁은 이렇듯 의롭지도 이롭지도 않다는 것이 묵자의 주장이다. 그렇다면 정답은 하나. 전쟁은 하지 말아야 한다.

그렇다고 묵자가 모든 전쟁을 다 반대한 것은 아니다. 묵자가 주장한 비공은 큰 나라가 정당한 이유 없이 오로지 영토를 확장하기 위해 작은 나라를 공격하는 정의롭지 못한 전쟁을 거부하는 것이다.

이와 달리, 침략 전쟁에 대항해 맞서거나 폭군에 대항하여 맞서는 것은 정의로운 것이다. 묵자는 그것을 '주(誅)'라고 명명하여 '공(攻)'과 구별한다. 고대에 우(禹)임금이 묘족(苗族)을 정벌한 일이나 탕왕이 걸을 정벌한 일, 그리고 무왕이 주를 토벌한 일 등을 묵자는 모두 정의로운 일이라고 생각하였다.

묵자가 꿈꾼 겸애 사회는 서로 사랑하고 서로 나누어야한다. 남의 것을 탐내고 빼앗아서는 안 된다는 것이다. 국가가 그런 일을 하면 그것이 바로 전쟁이다. 남의 영토가 탐나서 침략한다면 그것은 결코 정의로운 전쟁이라고 할 수 없다. 나라가 커지고 강해지면 주변 국가를 넘보는 경우가 허다하다. 물론 그런 경우 이들 국가의 약점을 빌미로 잡아 대의명분을 내세운다. 세계 평화를 위해서 악한 나라는 없어져야 한다는 논리를 내세운다. 하지만 묵자가 지금 있다면 정말 정의로운 전쟁이라고 할 수 있는지 한 번 더 생각해보라고 말할 것이다. 그리고 전쟁을 꼭 해야 한다면 이것이 국민과 그들의 삶을 해치는 것은 아닌지 물을 것이다. 전쟁을 해서 사람들이 죽고 그들의 삶이 더 피폐해진다면, 이것은 결코 정의로운 전쟁이라고 할 수 없을 것이기 때문이다.

제3장 관중: 천하를 얻으려면 민심을 얻어라

관중(管仲)은 춘추 시기 법가의 대표적 인물로 '법가의 선구자' '성인의 스승' '화하(華夏) 문명의 보호자' '화하 제일의 재상'이라고 불린다. 정확한 출생 연도는 알려져 있지 않지만 대략 기원전 723년경 태어나서 645년까지 살았으며, 춘추 시대 패자(覇者)였던 제(齊) 환공(桓公)의 재상으로 49년을 일한 정치가이자 사상가다. 관중의 이름은 이오(夷吾)이고, 자(字)가 중(仲)이다. 관중은 공자보다 170여 년 앞서 살았던 사람으로, 공자가 "관중이 아니었다면 중국이 오랑캐의 나라가 되었을 것"이라고 말했을 만큼 당시 관중의 정치적 영향력은 대단한 것이었다. 천자도 성사시키기 힘들었던 제후국들 간의 평화 회담을 아홉 번이나 성사[16]시켰으니, 공자의 칭찬도 지나친 것은 아닐 것이다.

물론 공자가 관중을 칭찬만 한 것은 아니었지만, 그래도 관중의 정치와 그의 사상을 높이 평가한 이유는 관중의 사상을 알 수 있는 『관자(管子)』를 보면 알 수 있다. 이것을 보면 그의 사상이 정치·경제·사회 모든 영역에 대해 깊이 있는 이해를 바탕으로 하고 있다는 것을 알 수 있다. 그리고 그가 제나라뿐만 아니라 '천하의 재상' '춘추 제일의 재상'으로 불릴 수 있었던 이유는 힘보다는 뛰어난 지략으로 천하를 제패했기 때문이다.

관포지교, 친구가 있어 지금의 내가 있다!

관중은 조상이 희(姬)씨 성을 가졌는데, 현재 중국이 중화민족의 시조라고 일컫는 황제(黃帝)의 성씨이기도 하고, 후에는 주나라 왕실의 성이기도 하니, 그의 신분이 상당이 높았다는 것을 짐작할 수 있다. 그럼에도 불구하고 그의 성공은 가문의 후광으로 얻어진 것은 아니었다.

관중의 아버지 관장(管莊)은 제나라의 대부였지만, 후에 가문이 기울고 아버지가 돌아가신 후 관중의 어린 시절은

순탄하지 않았다. 그런데 홀어머니를 모시고 힘들게 살아가는 친구 관중을 안타깝게 여겨 줄곧 도와준 친구가 있었으니, 그가 바로 포숙아(鮑叔牙)였다. 이들의 우정은 '관포지교(管鮑之交)'라는 사자성어로도 잘 알려져 있다.

관중과 포숙아가 함께 장사를 하였을 때, 관중이 항상 자기 몫을 더 챙겼지만 포숙아는 언제나 눈감아주었다. 관중이 세 번이나 관직에 도전하여 임용되지 못했을 때도 언제나 위로해주었으며, 전쟁터에서 관중이 세 번이나 도망을 쳤어도 포숙아는 항상 관중 편을 들어주어 관중이 위기를 모면할 수 있었다. 그래서 관중은 사람들에게 "나를 낳아준 이는 부모이지만 나를 이해한 이는 포숙아다!"라고 말하였다. 이렇듯 젊은 시절 포숙아는 관중을 살뜰히 보살폈고 후에 다시 한번 관중의 목숨을 구하여 관중이 제 환공을 패자로 만들 수 있는 발판을 만들어주었으니, 이들의 우정이 후세에 대대로 회자되는 것이다.

제나라 양공에게는 규와 소백 두 아들이 있었는데, 관중은 규를 가르치고, 포숙아는 소백을 가르치는 일을 맡았다. 그런데 양공의 사촌 공손무지가 양공을 살해하고 왕위를 찬탈하자 관중은 규와 함께 노(魯)나라로, 포숙아는 소백과 함께 거(莒)나라로 도망갔다. 결국 공손무지가 죽고 규와 소백 둘 중 하나가 왕이 되어야 했다. 이때 관중은 앞질러 가서 소백이 제나라로 돌아가는 길목에서 기다리다 소백에게 화살을 쏘았다. 그런데 화살은 소백의 허리 장식에 맞았고, 소백은 다행히도 목숨을 건지고 규보다 먼저 제나라로 돌아가 왕이 되었는데, 그가 바로 환공이다.

환공은 자신을 죽이고자 했던 관중을 잡아들여 죽이고 싶었지만, 포숙아는 환공을 말리고 오히려 그에게 관중을 등용하라고 충고했다. 패자가 되고 싶다면 관중이 적임이라고 말이다. 관중이라면 이를 갈았던 환공이었지만, 포숙아의 충고를 받아들여 관중에게 재상 자리를 맡긴 것을 보면, 포숙아에 대한 환공의 신뢰가 어느 정도였는지 알 수 있다.

관중은 포숙아 덕분에 제나라 재상이 되었고, 환공을 도와 천하를 제패함으로써 무소불위의 권력을 누렸다. 후에 그가 병들어 죽게 되자, 환공은 그에게 차기 재상을 추천해달라고 말하였다. 환공은 관중이 포숙아를 천거할 것으로 여겼지만, 관중은 끝까지 포숙아를 천거하지 않았다.

"포숙아는 군자입니다. 그런데 선악이 너무 분명하고, 다른 사람의 나쁜 점을 한번 보면 평생 잊지 못하는 성격이지요. 이래서는 정치를 할 수 없습니다."

대신에 관중은 자신과 고죽(孤竹)국을 함께 정벌했던 습붕(隰朋)을 천거했다. 그 말을 전하러 온 간신 역아에게 포숙아는 말했다.

산동성 쯔보(淄博)시에 있는 관중기념관의 관중 상.

"관중이 습붕을 천거했다는 것은, 그가 한결같이 사직과
종묘를 생각하고 사심이 없다는 것을 말해주는 주는 것입니
다. 지금 나는 사구(司寇)를 맡아 간신들을 쫓아내는 일을 하

관중의 고향인 안후이성 잉상(潁上)현에 있는 관포사(管鮑祠)는 관중과 포숙아를 기리기 위한 사당이다.

고 있는데, 이것이야말로 딱 내 뜻에 맞는 일이오. 나보고 정치를 하라고 하면 당신들이 설 자리가 있겠소?"

관중이 죽고 재상 자리에 오른 이들은 누구나 비참한 말로를 보냈지만, 포숙아는 제나라의 명문대가로 그의 자손들까지도 대대로 명망을 누리고 잘살게 되었는데, 이것은 관중이 친구의 안위를 걱정했기 때문이라는 것을 알 수 있다.

이들은 남들의 이간질에도 흔들리지 않고 서로를 믿었다. 이것이야말로 진정한 우정이다. 이들은 서로 도와가며 제나라를 위해 일하였고, 서로 잘하는 것을 통해 후세까지 이름을 남겼다. 관중은 관중대로 훌륭하지만, 포숙아도 그에 못지않다. 항상 관중의 곁에서 그를 믿어주고 끌어주며 그가 자신의 재능을 충분히 발휘할 수 있도록 도와주었기 때문이다.

이것은 친구 사이에만 해당하는 이야기가 아니다. 사회에서도, 국가에서도 모두가 똑같은 일을 할 수는 없다. 서로 각자 잘하는 일을 하면 된다. 지금처럼 누구나 대학에 가려고 하고 누구나 좋은 기업에 취직하려고 하면 정말 필요한 곳에는 사람이 부족하게 된다. 누구는 앞에 서고 누구는 뒤에 서서 서로를 의지하여 앞으로 나아가야 하는데도 누구나 앞에 서서 가려고만 하니, 쓸데없이 경쟁만 치열해지고, 경쟁에서 이기더라도 허무할 때가 많은 법이다. 이런 점에서 관중과 포숙아의 이야기는 지금을 살아가는 우리에게 큰 교훈이된다.

법은 왕도 따라야 한다

관중이 살던 당시에는 제자백가의 하나인 법가가 아직 사상 유파로서 자리 잡지 않은 시기였지만, 그의 정치 개혁이 법가주의적이라는 점에서 많은 이들이 그를 법가의 효시라고 생각한다. 이는 그가 법치를 강조한 개혁을 실시했기 때문이다. 그는 법치가 나라를 다스리는 둘도 없는 방법이라고 생각하여, 형법·경제법·행정법상의 개혁을 시도하여 나라를 정비하였다.

> 형벌을 신중히 살피지 않으면 형벌을 피하는 일이 생기게 되고, 형벌을 피하는 일이 생기면 무고한 자를 죽이고 죄가 있는 자를 풀어주게 된다. (『관자』 「권수(權修)」)

형법의 개혁은 사법 질서를 바로잡기 위해 반드시 필요한 일이다. 관중은 범죄를 엄격히 처벌할 것을 주장하는 중형주의자였지만, 죄가 없는 자들을 벌하여 법치의 기강을 흐리는 일은 피하고 싶었다. 법은 백성의 생사를 판가름하기 때문에 신중해야 했다. 그는 죄 없는 자를 처벌하는 것도 문제지만, 죄 있는 자를 풀어주는 것 또한 문제라고 생각했다. 결국 그 두 가지 문제점이 법질서 자체를 흔들어놓을 것이기 때문이었다.

형법 다음으로 관중이 중시한 것은 경제법의 개혁이다. 춘추 시대 주요한 경제 수단은 토지로서 역대의 왕들이 가장 다스리기 힘들어하던 영역이기도 했다. 관중은 차별적 토지세 정책을 실시하였는데, 농민의 토지를 비옥한 정도에 따라 여러 등급으로 나누고 그에 따라 세금을 달리 책정하였다. 과거에는 모든 토지에 동일한 세금을 매겼기 때문에 농민들은 조금이라도 비옥한 토지에서 농사를 짓고 싶어했으나, 관중의 경제 개혁으로 농민들이 이사를 가는 일이 줄어들게 되어 삶이 보다 안정되었다. 뿐만 아니라 2년에 한 번 세금을 거두었으며, 풍작과 흉작에 따라 세금을 다르게 책정하였고, 심한 흉년에는 세금을 면해주었다.

　법치로 틀을 바로잡고 경제 정책으로 인심을 안정시키고 나서, 관중은 행정법상의 개혁을 시도했다. 그의 정책은 '사민분거(四民分居)'라고 하는데, 이후 사람들이 '사농공상(士農工商)'이라고 말하는 직업의 분류를 실시한 것이었다. 관중은 이들 네 가지 직업에 종사하는 사람들을 서로 다른 곳에 거주하도록 하여 관리하였다.

　그러므로 성왕은 사인[士]은 반드시 조용한 곳에 거처하게 하였고, 농부[農]는 반드시 논밭에 거처하게 하였으며, 장인[工]은 반드시 관부에 거처하게 하였고, 상인[商]은 반드시 시장에 거처하게 하였다. (『관자』「소광(小匡)」)

　관중이 생각하기에, 백성을 신분과 직업에 관계없이 같이 살게 하면 말썽이 일어나기 쉬웠다. 불만이 계속해서 쌓이다 보면 그것이 불씨가 되어 변란이 일어날 수도 있다. 그래서 그는 환공에게 "백성이란 절대 섞여 살게 하면 안 됩니다"라고 한 것이다.

그러나 사민분거의 가장 큰 목적은 행정의 용이함이다. 이를 위해 그는 나라를 21개의 향(鄕)으로 나누고, 공인과 상인이 6개의 향에, 사인이 15개의 향에 거주하도록 하였다. 이렇게 사회 계층이 안정화되기 시작하였으며, 사(士)는 이제 대대로 사가 되었고, 공인은 대대로 공인이 되었다. 계층이 분화되기 시작한 시기에 이들을 서로 떨어뜨려 살게 함으로써 계층 간의 마찰을 줄이고 쉽게 통제할 수 있게 된 것이다. 이것은 행정법상 커다란 발전이었다.

그런데 이러한 형법·경제법·행정법상의 제도적 정비는 왕이 모범을 보이지 않으면 제대로 시행되기 어려운 법이다. 그러므로 관중은 "군신·상하·귀천 모두 법을 따라야 한다"[17]고 주장했다. 그것이야말로 '큰 다스림(大治)'이라고 강조했다.

오늘날 많은 부모들이 자식들에게 공부를 하라고 하면서 자신들은 TV나 보며 쉬는 경우가 많다. 그러나 자식들은 부모를 거울로 삼는 법이다. 자식을 공부하게 하고 싶으면 자신도 공부를 하든지, 아니면 집안일이라도 해야 한다. 부모가 몸소 삶의 원칙을 보여주지 않는다면 교육이 제대로 이루어지기는 로또가 당첨되기를 기다리는 것만큼 힘들 것이다. 정치도 마찬가지다. 특히 백성들은 법의 공정성과 정당성을 종종 법을 만든 이들이 그것을 따르는가를 보고 결정한다. 그래서 관중은 뛰어난 정치가란 "공정한 법 집행으로 사사로운 곡절이 없게" 해야 한다는 것을 아는 법이라고 말하였다.

훌륭한 왕이라면 자기 머리만 믿지 않고 법에 따르며, 말들을 따르지 말고 규칙에 따르며, 사적인 수단이 아니라 공적인 수단을 사용하고, 작은 것이 아니라 큰 도를 따른다." (『관자』 「임법(任法)」)

관중은 인의예악(仁義禮樂)도 모두 법에서 나왔다고 말하며,[18] 중국 역사상 가장 훌륭한 왕으로 정평이 나 있는 요(堯)임금과 황제(黃帝)도 그저 법을 만들 때 신중히 하고 한번 만들면 바꾸지 않고 백성이 법에 따르는 습관이 들도록 스스로 모범을 보였기 때문이라고 주장했다.

군주는 세 등급으로 나눌 수 있는데, 좋아하는 사람이라고 사적으로 상을 주고 싫어하는 사람이라고 사적으로 벌을 주지 않으며 법으로 일을 처리하면 최고의 군주다. 좋아하는 사람은 사적으로 상을 주고 싫어하는 사람은 사적으로 벌을 주고 자기 마음대로 일을 처리하면 보통의 군주다. 신하들이 누군가를 좋아하면 군주를 대신해 사적으로 상을 주고 싫어하면 군주를 대신하여 사적으로 벌을 준다면 위기의 군주다. 좋은 군주가 되고 싶다면 법에 따라 일을 처리해야 하고, 자신도 예외여서는 안 될 것이다.

우리는 이미 위기의 군주에 해당하는 인물을 현대사에서 너무나 많이 보아왔다. 이들은 모든 것을 사적으로 하는 것뿐만 아니라, 자신의 측근들이 자신을 대신해서 법을 사적으로 사용하도록 허용하였다. 이들은 그것이 왜 '위기'를 만드는지 모르기 때문에 더 위험한 군주이며, 백성을 위험에 빠뜨리고, 결국은 나라를 잃어버렸다. 관중이 요구하는 군주상은 대단한 것이 아니었다. 그저 자신도 법을 원칙대로 따르기만 하면 된다. 그뿐이다.

제 환공은 관중에게 자신은 술·여자·사냥이 너무 좋다고 말한 적이 있다. 걱정하는 환공에게 관중은 그것은 그다지 큰 문제가 되지 않는다고 말한다. 그보다 더 문제가 되는 것은 군주가 백성을 사랑하지 않고 솔선수범하여 열심히 이들을 위해 일하지 않는 것이다. 군주가 흐트러진 모습을 보인다면 백성의 신망을 잃게 될 것이고, 천하 제패는커녕 있는 나라마저 잃게 될 것이기 때문이다. 그러므로 군주가 가장 먼저 해야 하는 일은 누구나 따를 수 있는 법을 만들고 군주 자신은 물론이고 신분과 직업을 막론하고 상하가 합심하여 그 법을 따르는 것이다.

백성이 즐거워해야 좋은 법

관중은 정치가 잘되고 못되고는 모두 민심에 달려 있다고 생각했다.[19] 패왕의 시작도 당연히 민심에 달려 있다. 중국 정치사상사에서 핵심 사상이 무엇인가 한마디로 말하라고 하면 그것은 '민본(民本)'이다. 좋은 정치의 기준은 백성을 위한 것인가에 있다. 관중도 그 점에서 다르지 않았다. 그는 백성을 무시하고 성공한 정치는 없었다는 점을 너무나 잘 알고 있었다.

무릇 패왕의 시작은 사람을 근본으로 한다. 근본이 다스려지면 나라가 견고해지고, 근본이 혼란해지면 나라가 위기에 처한다. (『관자』「패언(霸言)」)

그에게 백성은 하늘과 같은 존재다. 백성이 따라야 나라가 안정되고, 백성이 도와줘야 나라가 강해지며, 그렇지 않으면 위기에 처하고 결국은 나라를 잃게 되기 때문이다.[20] 이것은 너무나 자명한 이치다. 예전에도 그러했고, 지금도 그러하다. 한 국가에 그 국가를 구성하는 사람이 없다면 그것은 국가라고 할 수 없다. 그래서 국가의 3요소가 영토·주권·국민인 것이다. 그러므로 관중은 군주가 아니라 백성이야말로 나라의 '근본'이라고 서슴없이 말하였다.

그러므로 백성을 위하는 것이야말로 군주가 할 일이다. 백성이 힘든 일을 싫어하면 편안히 쉬게 하고, 백성이 가난을 싫어하면 부유하게 만들어주고, 백성이 위험을 싫어하면 안전하게 해주고, 백성이 대가 끊길까 걱정하면 자식을 낳게 도와주는 것이야말로 군주의 역할이다.[21] 진정한 포퓰리즘의 진수를 보여주는 관중의 생각은 법에도 적용된다. 법은 물론 통치의 수단이지만, 백성이 싫어하면 시행할 수 없다. 그러므로 법은 반드시 민심에 따라야 한다. 그것은 관중이 여러 차례 환공에게 간언했듯이 백성이 나라의 근본이기 때문이다.

똑똑한 왕(明君)이라면 인심에 따라야 하고, 대중이 원하는 바에 맞게 법령을 반포해야 하는 것이다. 그렇지 않으면 법을 만들어도 쓸모가 없을 테니 말이다. 그러므로 관중은 말하였다.

선왕(先王)은 백성과 한몸이 되기를 잘했고, 백성과 한몸이 된다는 것은 나라로 나라를 지키고, 백성으로써 백성을 지킨다는 말이다. 그러면 백성들이 하면 안 되는 일을 하지 않을 것이다. (『관자』 「군신(君臣)」)

그렇다고 백성이 원하는 일은 무엇이든 무조건 들어주는 것 또한 똑똑한 왕이라 할 수 없다. 관중은 국가를 지탱하는 네 가지 뼈대는 예(禮)·의(義)·염(廉)·치(恥)이며, 법 또한 이 네 가지 틀 속에서 적절하게 행해져야 한다고 생각했다. 백성들이 넘지 말아야 할 선을 분명하게 그어주는 것도 군주의 일이다. 그 속에서 하면 안 되는 일과 해도 되는 일, 그리고 하면 좋은 일을 분명하게 알려주어, 하면 안 되는 일을 하면 벌을 주고 하면 좋은 일을 하면 상을 주어 법을 권장하는 것이다.

관중은 엄한 형벌주의자였지만 잘못했다고 무조건 혼내는 것에는 반대했다. 그는 죽을죄가 아니라면 벗어날 수 있는 방도도 마련해주었다. 이것이 바로 속형(贖刑)이라는 것이다. 돈을 받고 죄를 면해주는 것인데, 병사 부족을 해결하면서 재정 적자도 막는 일석이조의 방책이었다.

무슨 일이든 억지로 시키다보면 원망이 생긴다는 것을 그는 잘 알고 있었다. "정령이 민심에 따르면 위엄 있게 정령이 행해진다." 백성들의 마음을 읽어 이에 맞는 법을 시행하고, 때로는 혼내주고 때로는 칭찬해주면서 백성들로부터 권위 있는 지도자로 인정받는 것이다. 그러나 사랑받지 못하는 통치자는 권위를 갖지 못한다. 그것은 단순한 권위주의에 불과하다. 강제력을 써서 권위를 강조한다면, 누가 볼 때는 법을 지키지만 아무도 보지 않을 때는 백성들은 이들의 눈을 피해 편법을 자행하고 서로 속이게 될 것이다. 그러므로 민심을 읽는 것이 법치주의 실현에 가장 중요한 일이라는 것을 관중은 거듭 강조한 것이다. 백성이 즐겁게 따를 수 있어야 좋은 법이고 법치가 제대로 정착될 수 있을 것이기 때문이다.

지금은 국민이 뽑은 대표들이 국회에서 법을 만들지만, 때로는 민심을 읽지 못하고 자기들만의 법을 만들 때가 있다. 그런 경우 법은 제대로 지켜지지 않고, 결국은 유야무야 되어버리곤 한다. 민심을 잘 읽고 법을 만든다는 것은 무조건 국민의 환심을 사는 것을 말하는 것이 아니다. 국민이 정말 원하는 것, 이들에게 가장 필요한 것, 이것을 법으로 만들어야 한다는 것이다. 그렇지 않다면 현실과 동떨어진 법이라는 비판을 면하기 어려울 것이고 국민들의 원망을 살 뿐이다. 이런 것을 잘 파악하고 있었기 때문에 관중이 훌륭한 정치가라고 평가받는 것이다.

백성이 부유하면 그것이 왕도

중국 역대의 성인들은 모두 백성들에게 예의를 가르치고자 노력해왔다. 조선의 양반들은 백성들에게 무엇인가 해주는 것 없이 그저 서민들을 낮추고 자신들을 높이기 위해 예의를 강조했지만, 관중은 달랐다. 우리 속담에 "곳간에서 인심 난다"는 말이 있다. 관중 또한 등이 따뜻하고 배가 불러야 그 후에 예의를 요구할 수 있다[22]고 생각했다.

나라를 다스리는 도는 반드시 우선 백성을 부유하게 하는 것이다. 백성이 부유하면 다스리기 쉽고, 백성이 가난하면 다스리기 어렵다. 어떻게 그런지 아는가? 백성이 부유하면 마을을 안정시키고 집을 중시하고, 마을을 안정시키고 집을 중시하면 윗사람을 공경하고 죄를 두려워하게 된다. 윗사람을 공경하고 죄를 두려워하면 다스리기 쉽다. 백성이 가난하면 마을을 위태롭게 하고 집안을 경시하고, 마을을 위태롭게 하고 집안을 경시하면 감히 윗사람을 모욕하고 금지된 일을 한다. 윗사람을 모욕하고 금지된 일을 하면 다스리기 어렵다. 그러므로 다스려지는 나라는 항상 부유하고, 혼란한 나라는 항상 가난하다. 이리하여 나라를 잘 다스리는 자는 반드시 먼저 백성을 부유하게 하고, 그 후에 그들을 다스린다. (『관자』 「치국(治國)」)

관중은 재상으로 있는 동안 토지·무역·공상·세제 등을 포함하여 다양한 부문에서 경제 개혁을 실시했다. 다른 제자백가들과 달리 『관자』에는 「경중(輕重)」 「경언(經言)」 등을 포함하여 여러 편에 걸쳐 경제적인 문제들을 다루고 있어 관중의 경제관을 잘 드러내고 있다. 그것을 살펴보면 그가 단순한 중농주의자가 아니라 농업·공업·상업의 균형적 발전을 추구했음을 알 수 있다. "사농공상 네 백성이 국가의 주춧돌이기 때문이다."[23] 그리고 그는 여섯 가지 부문에서 큰 발전(大興)을 주장했는데, ①농업의 진흥, ②자원의 개발, ③교통 시설의 확충, ④조세·요역·형벌의 경감, ⑤사회적 약자 구제, ⑥빈민 복지다.

여기서 우리는 그가 산업의 진흥과 더불어 빈민의 구제를 잊지 않았음을 알 수 있다. 현대에 국가의 경제 발전을 추구하는 과정에서 심화된 빈부 격차를 보면 관중의 부국 정책과 거리가 먼 것임을 알 수 있다. 관중이라면 진정한 경제 발전은 국민 전반의 생활 수준 개선을 통해 이루어진다고 생각했을 터이기 때문이다.

부유한 백성을 만들기 위해 그는 특히 부당한 징세를 근절하고자 했으며, 토지의 생산량에 적합하게 과세하는 것을 원칙으로 삼았다. 그리고 부유한 농민, 혹은 부유한 상인들의 농단과 심각한 빈부 격차를 억제하고자 노력하였고, 화폐·곡물·소금 등 주요한 재화는 국가가 유통·판매하도록 하였다. 이러한 국가 주도의 경제 정책으로 그를 '선진 시대 케인스'로 부르는 이도 있지만, 그의 정책은 그보다도 더

산동성 위안산(原山)에는 제나라가 오랑캐를 막기 위해 건설한 장성의 유적지가 있다. 여기에 제 환공의 석상이 서 있다. 환공은 관중의 보좌로 춘추오패의 한 명이 되었다.

융통성이 있었다. 그는 "백성에게 여유가 있으면 싼 값으로, ……백성에게 부족하면 비싼 값으로"[24] 사들이는 경중술(輕重術)을 채택하였다. 또한 국가가 나서서 화폐·곡물·소금을 쌀 때 사서 비쌀 때 되파는 방식으로 국고를 확충했다. 이것을 통해 어느 정도의 재분배를 시행한 것이다.

때[天]와 장소[地]와 사람[人]의 변화에 대한 적절한 대응을 바탕으로 한 그의 융통성 있는 경제 정책은 제나라를 춘추시대 가장 번성한 국가로 만들었고, 그것은 관중의 말대로 백성을 부유하게 함으로써 이룩된 성과였다. 그는 부(富)와 강(强)이 함께 있어야 진정으로 강한 국가라고 생각한 것이

규구에서의 회맹을 제 환공이 패자로서 인정받은 사건으로 꼽는다. 이 자리에서 환공은 여러 제후국과 함께 주나라 천자를 따라 오랑캐를 무찌를 것을 결의한다. 규구는 지금의 허난성 란카오(蘭考)현에 위치해 있었다.

다. 그런데 언제나 국가를 부유하고 강하게 만들고자 노력하는 이들은 많았지만 그 근본이 백성에게 있음을 자각한 사람들은 많지 않았다. 지금도 국민은 이래야 한다는 둥, 국민이 이래서 안 된다는 둥 모든 책임을 국민에게 돌리는 무책임한 정치가들이 많은데, 그들에게 관중은 국가의 근본이 국민에게 있음을 자각하라고 충고할 것이 틀림없다.

나라가 혼란한 것은 국민의 책임이 아니다. 그 책임은 국민의 경제를 파탄 나게 만든 정치가들 자신에게 있다. 좋은 나라를 만들고 싶다면 가장 먼저 할 일은 국민을 부유하게 만드는 것이다. 그리고 그것은 경제 정책만 잘 만든다고 이루어지는 것이 아니다. 정치·경제·법·행정·조세 제도 전반이 국민을 근본으로 재편되어야 한다. 그것을 가장 잘 알았던 이가 바로 수천 년 전 살았던 관중이다.

제 환공을 패자로

중국 춘추시대 패권을 잡은 이들을 춘추오패(春秋五霸)[25]라고 부르는데, 제 환공은 그중 하나다. 그가 기원전 651년 춘추 시대 여러 제후국들이 모인 규구에서의 회맹(葵丘之盟)에서 패자로 인정받게 되는데, 일등 공신은 당연히 관중이다. 공자 또한 "환공이 제후를 아홉 번이나 모은 것은 군대에 의한 것이 아니라 관중의 힘이다"라고 인정한 바 있다.

관중은 패자가 되고자 하는 환공에게 먼저 본(本)에 힘쓰라고 충고했고, 본이란 바로 백성을 말한다. 백성을 사랑하는 것(愛民)은 이들을 배고프고 힘들지 않게 하는 것에서 출발하며, 나아가 부유하게 하는 것을 목적으로 한다. 관중은 환공의 지지를 받아 이들의 삶을 개선하기 위한 경제 개혁을 주도했고, 이를 바탕으로 국가의 세금 소득을 확대하여 부유한 국가를 건설할 수 있었다. 잘살게 된 제나라로 다른 제후국으로부터 이주하는 사람들이 늘어났고, 이것은 곧 제

드라마 〈동주열국(東州列國)·춘추편〉(1996)에서 중국 배우 양리신(楊立新)이 연기한 제 환공.

나라의 국방력 강화로 이어졌다. 과거 국방력의 가장 중요한 요소는 군대의 크기였다. 그러므로 진정한 부강을 이룩한 제나라가 천하를 제패하지 않을 수 없었던 것이다.

그런데 관중은 정치와 군사 방면에서뿐만 아니라 외교관으로서도 뛰어났다. "먼 나라가 오도록 하면 가까운 나라는 친해지는 법이다(使遠者來而近者親)"(『관자』「형세해(形勢解)」). 이러한 원교근공(遠交近攻) 정책은 진시황이 중국을 통일할 때 사용했던 정책으로 유명한데, 사실 관중이 먼저 한 것이었다. 그러나 관중의 방법은 진시황과 달리 단순히 무력을 통해 주변 국가를 복종시키는 것은 아니었다. 그는 가까운 나라는 충의와 신뢰로써, 먼 나라는 예의로써 대했다.[26] 그는 법가의 시조로 알려져 있지만, 정치·경제·외교·군사 모든 방면에서 덕치와 법치의 병용을 제대로 실현했던 인물인 셈이다.

관중의 노력이 결실을 맺어 기원전 681년 제나라는 "정치가 이루어지고, 수비가 견고해지고, 싸움에 강해졌다."[27] 그럼에도 불구하고 그때까지 아직 제나라가 패업을 달성하지 못하였는데, 관중은 환공에게 주나라 왕실의 명의로 실정(失政)을 하고 있는 나라를 먼저 칠 것을 권하였다. 마침 그때 송나라에서 내란이 발생하였고, 송의 민공(閔公)이 살해당했다. 이 기회를 타고 제 환공은 주 왕실의 이름을 빌려 송을 토벌하였다. 이것이 제나라 패업의 시작이며, 이후에도 환공은 '존왕양이(尊王攘夷)'를 기치로 내세워 제후국들을 굴복시켰다.

이 모든 것은 천하의 민심을 얻기 위함이다. 민심을 얻지 못하고 패업을 달성하기는 어려운 법이다. 제나라가 명목상으로나마 정의로운 전쟁을 내세웠기 때문에 제나라에 귀의하려는 사람들이 물밀듯이 들어왔다고 전해진다. 단순히 힘만으로 다른 나라를 정복하였다면 정복하기도 어려웠을 뿐만 아니라 지키기는 더 어려웠을 것이다.

지금도 마찬가지다. 군대를 증원하고 신무기를 개발하여 국방력을 강화하기 위해 나라들은 경쟁한다. 그것을 하드 파워(hard power)라고 말한다. 그러한 하드 파워의 경쟁은 엄청난 예산을 필요로 하고, 끝이 없는 싸움 끝에 결국은 파산을 불러올 것이 분명하다. 게다가 하드 파워를 통해 다른 나라를 정복한다고 하더라도 순순히 따라주지 않고, 민주적 정권이 들어섰다가도 끝내 쉽게 붕괴되어버리고, 결국은 더 최악의 상황이 초래되는 경우도 종종 있다. 그래서 요즘 제기되고 있는 것이 소프트 파워(soft power)다. 문화·예술과 같은 보이지 않는 힘, 즉 국가의 매력으로 다른 나라를 사로잡는 것이다. 그것이 바로 선진 시대에는 예이며 덕이라고 할 수 있다. 관중은 벌써 오래전에 소프트 파워를 얘기했다고 볼 수 있다. 문화와 예술의 힘은 따로 돈 들이지 않고 힘 들이지 않아도 다른 나라를 자신의 편으로 만들 수 있는 힘이다. 이것은 강요한다고 생기는 것이 아니라, 결국은 자기 나라 국민이 얼마나 행복한가에 달려 있다. 우선 자국의 민심을 얻고, 그 힘을 가지고 천하의 민심을 얻는 것, 그것이 관중이 제 환공을 패자로 만든 비법이다.

제4장 상앙: 이기적인 인간은 법으로

상앙(商鞅, 기원전 395~기원전 338)은 전국 시대 진(秦)나라의 정치가로 법가의 대표적 인물이다. 그의 성은 본래 공손(公孫)씨였으나 위(衛)나라 사람이라 위앙으로도 불렸는데, 후에 상나라를 봉토로 하사받아 상군(商君) 또는 상앙으로 불리게 되었다. 그는 진나라 효공(孝公)이 천하의 인재를 구한다는 얘기를 듣고 진나라로 가서 일명 '상앙변법(商鞅變法)'을 시행하여 강대국의 신화를 이룩했다.

상앙의 법치주의는 인간은 '이익을 좋아하고 손해를 싫어하는' 본성을 갖고 있다는 것을 전제로 성립되었다. "백성의 본성은 배고프면 먹을 것을 찾고, 힘들면 쉴 곳을 찾고, 괴로우면 즐거움을 찾고, 모욕을 받으면 명예를 찾는데, 이것이 바로 인정이다"(『상군서(商君書)』「산지(算地)」). 그리고 백성들은 부끄럽고 힘들고 괴로운 것을 싫어하며, 명예롭고 편안하고 즐거운 것을 좋아한다(같은 곳). 이것은 인간의 본성은 선하다, 혹은 악하다고 하는 얘기가 아니다. 상앙의 인간은 무척이나 현실적인 인간이며, 그래서 더 인간적이다.

그런데 농사짓는 일만큼 힘든 일이 없고, 싸우는 일만큼 위험하고 괴로운 일이 없다. 그러면 어떻게 백성들이 농사를 짓고 싸우도록 할 수 있을까? 상앙은 백성들이 땅에서 이익을 얻고 전쟁에서 이름을 얻도록 하면 이들이 싫어하는 일이라도 하게 할 수 있다고 보았다(같은 곳). 또한 상을 주어 사람들의 선행을 장려하고, 벌을 주어 이들의 악행을 방지해야 한다고 생각했다. 후에 한비자도 인간성에 대한 생각이나 상벌의 활용 등에 대해 상앙의 말을 따랐다.

천하를 다스리려면 반드시 인정에 따라야 한다. 인정이란 좋고 싫음이 있다. 그러므로 상벌을 사용할 수 있다. 상벌을 사용하면 금령이 설 수 있고 나라를 다스리는 방법이 갖추어진다.
(『한비자』「팔경(八經)」)

상앙을 비롯한 법가의 인간관은 유가의 인간관과 크게 다

历史正剧巅峰之作
解密大秦帝国历史黑洞 再现百家纵横全景战国

大秦帝國
裂变
THE QIN
EMPIRE

드라마 〈대진제국 1〉(2009)의 상앙(가운데 왼쪽)과 진 효공(가운데). 2009년 제1
부에 이어 2013년 〈대진제국 2〉, 2017년 〈대진제국의 굴기〉로 계속해서 다시 만
들어져 방영될 정도로 상앙과 진 효공의 이야기는 지금도 사람들의 관심을 받고
있다.

르다. 유가가 말하는 사회적 인간과 달리 상앙이 말하는 자연적 인간은 당근(상)과 채찍(벌)으로 통제를 해야 사회에 도움이 되는 인간으로 거듭날 수 있다. 이러한 상앙의 사상은 『상군서』에 나타나 있는데, 유가와 구별되는 그만의 독특한 인간관을 바탕으로 한 부국강병의 방책을 볼 수 있다.

유가·도가·묵가는 하늘·땅·인간(天地人)이 서로 비슷한 본성을 갖고 있다는 것을 바탕으로 하늘·땅·인간이 조화롭게 함께 사는 전일적인 사회를 상정했지만, 법가는 유가보다도 더 세속적이고 현실적인 인간관을 바탕으로 하고 있다. 인간관의 차이는 그 사회에 대한 통제 방법의 차이를 낳았다. 유가가 도덕을 강조한 국가 경영을 강조했다면, 법가는 법에 의한 국가 경영을 강조했다. 상앙의 변법은 예를 법이 대체하여, 인간 중심에서 국가 중심으로 중심점이 이동한 시대를 상징적으로 보여준다. 그리고 상앙을 발탁하여 그로 하여금 이렇듯 시대의 획을 긋는 정치사상가로 인정받도록 한 이는 바로 진 효공(孝公)이다.

효공(기원전 381~기원전 338)은 진 헌공(獻公)의 아들로 기원전 361년부터 338년까지 진의 국군이었다. 당시의 진나라는 영토는 넓었으나 대부분의 토지가 황무지였다. 효공이 즉위한 후 농업을 장려하고 변법을 실시하여 진나라를 강대국으로 만들어 진시황이 전국을 통일할 수 있는 기초를 마련하였다는 평가를 받는다.

진 효공, 상앙을 만나다

헌공은 잃어버린 땅을 되찾고 싶었지만 그 꿈을 이루지 못하고 숨을 거두고 말았다. 그 뒤를 이어 즉위한 효공은 선왕의 꿈을 이루고 싶었지만, 당시의 진나라는 국력이 약하고 정권도 불안정했고, 주변에 위(魏)나라·초나라 등 강대국이 버티고 있어서 참으로 힘든 상황이었다. 진나라를 강대국으로 만들기 위해서는 인재가 급선무라고 생각한 효공은 칙령을 반포하여 천하의 인재를 모집했다.

이때 상앙도 그 소식을 듣고 효공에게 달려갔다. 그러나 상앙은 효공을 만나기도 쉽지 않았다. 어쩔 수 없이 효공의 총애를 받던 대부 경감(景監)에게 뇌물을 준 뒤에야 겨우 효공을 만날 수 있었다. 그런데 효공을 처음 만난 상앙은 효공의 의도를 알아차리지 못하고 중국 고대 성인의 대표적 인물인 요임금이나 순임금이 나라를 다스리던 도를 얘기했는데, 효공은 이에 관심이 없어서 졸았다. 첫 만남에서 좋은 인상을 남기지 못한 상앙은 두 번째 만남에서 유가의 왕도 정치에 대해 얘기했다. 이 또한 효공의 관심을 끌지 못했다. 세 번째 만남에서 법가 사상을 가지고 패도를 얘기했다. 그러자 드디어 효공이 관심을 보여 상앙을 등용했다.

이후 효공은 감룡(甘龍)·두지(杜摯)와 같은 조정 중신들의 반대에도 불구하고 상앙을 내세워 전면적인 변법을 실행하였다. 제1차 변법에서 연좌제를 실시하고 가벼운 죄도 엄하게 처벌하는 중벌주의를 실시하였다. 그리고 귀족들이 자식들에게 작위와 녹봉을 세습시키던 제도를 과감하게 폐지하고, 작위를 12등급으로 정리하였다. 중농억상(重農抑商)으로 농업 생산을 장려하고 상인들에게는 세금을 더 많이 부과하였다. 조세와 병역 제도를 정비하여 국가의 경제력과 군사력을 제고하였다. 이렇게 제1차 변법에서 정치와 경제 제도를 모두 대대적으로 재편하였다.

제2차 변법은 함양으로 수도를 옮긴 후 실시되었는데, 과거의 정전제(井田制)를 폐지하고 토지 사유제를 실시하였다. 정전제는 토지를 우물 정(井)자 모양으로 나누어 경작하게 한 고대의 토지 제도다. 토지를 9개로 나누어 가운데는 공전(公田)으로 함께 경작하여 그 수확물을 공용으로 사용하고, 나머지 8개의 토지는 사전(私田)으로 개인이 경작하도록 한 제도다. 상앙은 유가가 이상적 토지 제도로 여기는 정전제를 폐지하였다. 그것은 이미 정전제가 무너져버린 사회 현실을 반영한 것이었다. 기왕 그렇게 되어버린 상황에서 상

앙은 모든 토지에 세금을 부과하여 조세 수입을 증가시키고
자 한 것이다.

그리고 상앙은 훗날 진시황의 업적으로 알려지게 되는 군현
제(郡縣制)를 최초로 실시하고 분봉제(分封制)를 폐지하였다. 모
든 가구를 다섯 가구씩 모아 오(五)를 하나의 단위로, 열 가구
씩 모아 십(十)을 하나의 단위로 구성하여 관리하였다. 제1차
변법에서 시행된 연좌제가 각 행정 단위에 적용되어 같은 단
위에 속한 사람들끼리 서로 감시하도록 하여 부정을 저지르
지 못하도록 하였다. 옛날에는 아들·손자·며느리 모두 대대
로 함께 사는 대가족 사회였는데, 상앙은 부자와 형제가 한
집에서 살지 못하게 하고, 한 집에 두 명 이상의 아들이 있을
경우 나이가 차면 분가시키도록 하여 각 가구마다 사람 수마
다 세금을 부과하였다. 제2차 변법의 행정 단위 개편은 군대
를 정비하고 조직하기 쉽게 하려는 것이었다.

두 차례에 걸쳐 시행된 변법의 내용을 보면 짐작할 수 있
겠지만, 국가 수입이 상당한 정도로 늘어 엄청난 경제력과
군사력을 확보하게 되었고, 진나라는 드디어 전국 시대 최고
의 강대국으로 성장할 수 있는 기반을 마련하게 되었다.

후에 상앙의 변법에 대해 전한의 사마천은 칭찬을 아끼지
않았다. 도적이 없어지고 인구도 늘어나고 전쟁에서도 용감
해지는 등 정치가 제대로 이루어졌다고 말이다. 그러나 후한

秦孝公

百**第一代变法君主，创建秦**
国新制。

산시성 량스두(兩寺渡) 공원에 있는 진 효공 석상.

의 반고(班固)는 세금이 열 배, 스무 배로 늘어나 백성들의 삶이 더 힘들어졌고 탐관오리가 더 늘어났다고 비난했다. 후대에도 평가는 항상 이렇게 둘로 갈린다. 긍정적인 평가는 법도가 세워지고 형벌이 엄격해져서 국가와 백성이 부강해진 그 덕분에 패업을 달성했다는 것이다. 부정적인 평가는 세금이 늘어나고 잔인한 형벌이 늘어나 백성들이 공포에 떨었다는 것이다.

역사적으로 상앙에 대한 평가가 좋아지는 때는 법치에 대한 요구가 늘어날 때였다. 법을 새로 정비하거나 개편해서 더 강한 나라, 더 부유한 나라를 만들어야 할 때는 언제나 상앙을 높이 평가한다. 개혁 개방 이후 중국이 드라마에서 상앙에 대해 긍정적으로 그린 것을 보면 현재 중국 정부가 부강한 국가를 건설하고자 한다는 것을 단박에 알아차릴 수 있듯이 말이다.

지금 중국은 '이법치국(以法治國)', 즉 법으로 나라를 다스린다는 법치주의를 표방하고 있다. 개혁 개방 이전에는 법보다는 공산당의 강령이 훨씬 더 중요하던 시절이 있었다. 그 시절에는 공산당 간부들이 법 위에서 인민을 기만하는 일이 비일비재했다. 그것에 불만을 품은 기층이 문화대혁명이라는 참사를 일으켰고, 결국은 수많은 목숨이 사라졌다. 중국 정부는 그것을 크나큰 과오라 생각하고 법치를 강화하겠다고 선언했다. 그런 점에서 상앙의 변법을 주제로 하는 드라마를 보여줌으로써 인민을 사전 교육시키겠다는 것이다. 지금의 중국이 법제 개혁을 통해 효공의 진나라처럼 패권을 얻을 수 있을지는 지켜봐야 할 일이다.

법은 상황에 따라 바뀌어야 한다

진 효공이 변법을 실시하고자 했을 때, 중신이었던 감룡과 두지는 "성인은 풍속을 바꾸어 백성을 가르치지 않으며, 지혜로운 자는 법을 고쳐 다스리지 않는다"며 강하게 반발하였다. 이들이 보인 입장은 옛것을 따라야 한다는 전통적인 법고(法古) 사상이었다. 이에 상앙은 "성인은 옛것을 따르지 않고 지금에 구속되지 않는다(不法古, 不修今). 옛것을 따르면 시대에 뒤떨어지고, 지금에 구속되면 세상에 통하지 않는다"(『상군서』「개색(開塞)」)라고 정면으로 반박하였다.

변해가는 세상에 맞게 정치를 하고, 백성들의 풍속을 헤아려 그에 따라 법을 만들어야 한다는 것이 상앙의 생각이었다. 그는 백성을 성인의 도에 맞게 가르쳐야 한다는 유가의 가르침을 거부하고, 백성들의 사정을 잘 살펴 그에 맞는 정치를 하는 것이야말로 성인의 도라고 역으로 주장하였다

(『상군서』「일언(壹言)」). 상앙이 생각하기에 유가의 주장은 역사를 제대로 이해하지 못해 나온 탁상공론들일 뿐이었다.

옛날에는 다르게 가르쳤는데, 옛날 법은 어떻겠는가? ……
예법은 시대에 따라 정해져야 하고, 제도와 명령도 각각 적절하게 이루어져야 하며, 군대·갑옷·무기·설비 각각도 그 쓰임에 편리해야 한다. (『상군서』「경법(更法)」)

유가가 최고의 정치가 이루어졌다고 믿는 하·상·주 삼대의 정치도 각기 다른데, 어째서 지금에야 옛것을 따르라고 하는 것인지 상앙은 반문한다. 시대가 바뀌었으니 제도도 달라지는 것은 당연한 것이다.

세상을 다스리는 데 한 가지 방법으로 하지 않는데, 하물며 나라를 위해서 반드시 옛것을 따라야 할까? (『상군서』「경법」)

당시 조정 중신들이 끈질기게 옛것을 고집한 이유는 그들이 옛것이라고 말하는 제도가 자신들에게 유리하기 때문일 것이다. 그것이 바로 사를 추구하는 것이다. 그러나 공을 추구하는 사람이라면 마땅히 백성과 나라를 이롭게 하려고 노력해야 할 것이었다. 그러므로 상앙이 효공에게 말하였다.

산시(陝西)성 동남부 상뤄(商洛)시 상앙광장 중앙에 자리하고 있는 상앙의 대형 석상.

"옛것을 따르지 않아서 백성을 이롭게 할 수 있다면, 옛 예를 따르지 않겠습니다."

효공은 그 말에 적극적으로 찬성했고, 그렇게 법을 바꾸는 일이 시작되었다.

변법의 근거는 인성(人性)과 인정(人情)에 있다. 인성과 인정은 상황과 환경에 따라 변화한다. 그렇다면 그것을 규율하는 법도 그에 맞게 바뀌어야 한다. 한결같지 않은 인성을 가지고 있는 백성들을 다스리려면, 유가가 주장하는 것처럼 "예로써 바로잡고, 덕으로써 이끄는(齊之以禮, 道之以德)"(『논어』「위정(爲政)」) 방법으로는 힘들다. 예로 다스리는 것을 예치라고 하고 덕으로 다스리는 것을 덕치라고 하는데, 이것은 모두 성인이 나라를 다스리는 방법이다.

그런데 춘추 전국 시대에 성인이라고 할 수 있는 군주가 있었는가? 안타깝게도 한 명도 없다. 신분 제도가 고착화된 시대였기 때문에 잘 태어나서 군주일 뿐인 이들이 수두룩했을 뿐이다. 그런 '평범한' 군주들에게 성인이 되기를 요구하는 것은 지나친 요구일 따름이다. 그런데 '평범한' 사람들도 잘 통치할 수 있는 방법이 있었으니, 그것이 바로 법으로 다스리는 법치다.

그래서 상앙은 변법을 통해 법률 제도를 정비·강화하여 사람들의 행위를 규제하고, 그들로 하여금 열심히 일하고 열심히 싸우도록 조직하고자 했다. 이런 강한 법치 국가의 필요는 춘추 전국 시대와 같이 예악이 붕괴된 사회, 즉 그가 살고 있던 '현재'의 사회에 부응하여 요구된 것이다. 공자 또한 예악이 붕괴된 사회에 살았지만, 예악을 다시 살려야 한다고 주장했다. 그러나 상앙이 살던 시절은 공자가 살던 시대보다도 상황이 훨씬 더 심각해진 때였다. 예악으로 문제를 해결하기는 힘들어진 것이다. 법은 예보다 더 강제적이다. 도덕에 호소하기에는 너무 늦은 것이다. 상앙의 변법은 이렇듯 시대의 변화를 반영한 것이었다.

형벌로 형벌을 없애자

나라가 중요해지고 군주가 존귀해지는 것은 힘 때문이다.

(『상군서』「신법(愼法)」)

그런데 상앙은 힘을 키우는 것은 '형벌[刑]'이고, 힘이 클수록 국가는 강하다[28]고 생각했다. 그리하여 그는 법을 어기면 엄하게 처벌하고 범죄자와 관련된 자 또한 함께 처벌하는 연좌제를 실시하였다. 인간의 마음속에 숨어 있는 간사함을 없애기 위해서는 형벌만 한 것이 없다고 생각했기 때문이다. 벌을 주어 사람들이 싫어하는 수치심을 느끼게 함으로써 법을 지키게 만들겠다는 것이다. 즉, 형벌로써 다시 죄를 지을 가능성을 없애고자 한 것이다.

동시에 그는 잘한 일에 대해서는 녹봉이나 관직 등의 상을 주어 장려하였다. 이때 형벌은 주요한 수단이고 상은 보조 수단일 뿐이다. 그러므로 그는 10할 중 형벌이 9, 상이 1에 해당하는 정도로, 형벌은 많아야 하고 상은 적어야 한다[29]고 생각했다. 물론 벌을 줄 때는 엄하게, 상을 줄 때는 후하게 주어야 한다고 보았다. 그리고 벌이나 상이나 모두 통치자가 내키는 대로 제멋대로 주면 안 되므로, "상과 벌, 교육은 일관성이 있어야 한다"는 원칙을 고수했다. 다시 말하면 왕후

장상도 관계없이 누구나 일률적으로 벌이든 상이든 적용을 받아야 한다는 것이었다.

그리하여 후에 혜문왕으로 즉위하는 태자 영사(嬴駟)가 법을 어겼을 때, 상앙은 변법이 궁실과 귀족의 반대로 제대로 실행되지 못한다면서, 정말 법치를 제대로 실행하고 싶으면 태자부터 시작해야 한다고 효공에게 간언하였다. 효공은 태자에게 묵형(墨刑)을 가할 수는 없었기 때문에 마지못해 그의 사부를 대신 처벌하였다. 이렇게까지 하고 나니 나라 안에서 법을 어기는 자가 크게 줄어든 것은 사실이었다. 그러나 이 일에 앙심을 품은 혜문왕에 의해 반역으로 몰려 자신마저 거열형, 일명 능지처참에 처해지고 만다. 거열형은 머리와 사지를 각기 다른 마차에 묶어 사방으로 찢어 죽이는 참혹한 형벌이다. 형벌이 사적으로 이용되는 것을 원하지 않은 그였지만, 그것을 실현시키지는 못한 것이다.

강한 형벌은 물론 사회와 국가의 기강을 바로잡는 데 도움이 되었지만, 그보다는 군주를 정점으로 하는 강한 중앙집권적 통치를 확립하기 위한 것이었다. 전국에 걸친 군과 현에 각각 법관 1명과 행정 관리 1명을 두어 관리하도록 했다. 법을 공포하고 관리와 백성 모두에게 그 내용을 알려 따르게 한 연후에 누구든 어기는 자는 엄하게 처벌하였다.『한서

(漢書)』「형법지(刑法志)」에는 상앙이 코나 발꿈치 등 신체의 일부를 자르는 육형(肉刑), 사형에 해당하는 대벽(大辟)을 늘리는 것 외에도, 정수리에 정을 박는 착전(鑿顚), 갈빗대를 뽑는 추협(抽脅), 가마솥에 사람을 삶아 죽이는 확형(鑊亨) 등 잔혹한 형벌을 시행했다는 얘기가 나온다. 이것이 너무 심해서 조량(趙良)이 찾아가 말렸지만 상앙은 듣지 않았다. 물론 관리도 예외는 아니었다. 누군가 법망을 빠져나가는 사람이 하나라도 생기면 요행으로 바라는 마음이 생겨서 범죄를 저지르기 쉬울 수 있다고 보았기 때문이다.

그렇게 법이 시행되고 10년이 흐르자 백성들 중에서 길에 떨어진 물건이라도 자기 것이 아닌 것을 줍는 자도 없었고, 남의 것을 훔치는 자도 사라졌다.

> 형벌이 중하면 백성은 감히 죄를 짓지 못하니 형이 없어진
> 다. (『상군서』「화책(畫策)」)

상앙의 중형주의에는 당시에도 조정 안팎으로 반대가 많았지만, 백성들의 마음에 공포심을 키워 사회 범죄를 크게 줄인 것이 사실이었다. 이것이 바로 형벌로 형벌을 없애는 '이형치형(以刑治刑)'의 방법이었다. 상앙의 말대로, "형벌이 힘을 낳고, 힘이 강함을 낳고, 강함이 위엄을 낳고, 위엄이

드라마 〈미월전〉(2015)에 나오는 상앙의 거열형 장면. 춘추 전국 시대에는 거열형이 종종 시행되었지만, 지나치게 참혹했기 때문에 자주 시행하면 명성을 잃을 수 있어서 반역죄 등 엄한 범죄에 한해서만 시행되었다.

도덕을 낳는다. 도덕은 형벌에서 생겨난다"(『상군서』「설민(說民)」)는 것을 보여준 것이다.

그러나 상앙이 추진한 법치는 모두 군주의 권력을 강화하기 위한 것이었다. '존군(尊君)'은 백성이 군주의 명령을 따를 때 실현되기 때문이다.

백성이 명령을 따르지 않는데 군주의 존귀함을 구하면, 요나
순의 지혜를 가지고 있다고 하더라도 나라를 다스릴 수 없다.
(『상군서』「군신(君臣)」)

백성들 보고 "일하라! 싸워라!"라고 하며 이들이 원치 않

는 일을 시키기 위해 도덕이나 정서상의 유대를 천천히 쌓아가면서 하기에는 전국 시대는 분명 힘든 시기였다. 게다가 단기간에 백성을 하나로 단결시키기 위해서는 형벌이라는 강제 수단을 동원할 수밖에 없었다. 결국 목표는 단 하나, 부국강병을 통한 천하 통일이었고, 엄격한 형벌 제도 또한 그것을 위한 수단일 수밖에 없었다.

물론 상앙의 형벌 제도에 대해 사마천은 "각박하고 매정하다"라고 말하였다. 형벌 자체도 엄격하고 가혹했지만, 연좌제를 실시하여 마을 사람 모두 서로가 서로를 감시하도록 만들었기 때문이다. 법을 확립하여 범죄를 없애자는 취지는 좋았으나, 연좌제를 실시하여 전국을 공포 정치로 몰아간 것은 지나친 것임이 틀림없다. 부국강병을 이유로 백성을 지나치게 억압한 예일 것이다.

한국도 1980년 제5공화국 헌법에서 연좌제가 도입되어, 국민들이 자신의 행위가 아닌 친족의 행위로 처벌을 받았던 적이 있었다. 가족이 월북자, 좌익이라는 이유로 불이익을 당했었다. 연좌제는 이미 1894년 갑오개혁 때 전통시대의 악법이라는 이유로 폐지되었었다.

이렇게 억압만 했다면 모든 백성이 진나라를 떠났을 것이다. 그러나 상앙은 확실한 '당근'도 함께 주었다. 전국 시대 수많은 전쟁에 동원되고 혼란한 국내 정치로 신음하던 사람들에게 안정을 보장해주었으며, 그 안정 속에서 경제적 부를 얻을 수 있도록 해주었기 때문에 진나라로 이주해오는 사람들이 늘어날 수 있었다.

일하는 사람이 많아야 나라가 강해진다

전국 시대 제후들 간의 전쟁이 어느 정도였는지에 대해 맹자는 다음과 같이 묘사하였다.

> 땅을 빼앗기 위해 전쟁을 해서, 죽은 사람들로 들이 가득 찼다. 성을 차지하기 위해 전쟁을 해서, 죽은 사람들로 성이 가득 찼다. (『맹자』「이루(離婁)」)

계속되는 전쟁으로 국가들은 끊임없이 군대를 충원하는 문제에 부딪히게 되었고, 이것은 곧바로 국가의 존속에 귀결되는 문제일 수밖에 없었다. 사람은 계속해서 죽어나갔고, 그 자리를 또 어김없이 메워야 했기 때문이다. 그런데 농경 사회에서 군대는 대부분 농민으로부터 충원되었다. 상인은 이 나라 저 나라로 옮겨 다니기 때문에 안정된 병력을 구성하기에는 힘들었다. 그러므로 농민이 많아야 군대가 커질 수 있고, 군대가 커야 나라가 강해질 수 있었다. 그러므로 상앙은 농업을 장려하고 상업을 억제하는 정책(중농억상)을 시행하여, 농민의 수를 늘리고 농민이 농사를 지을 수 있는 환경을 만들고자 했다.

그러므로 나라를 다스리고자 하는 자는 백성에게 농사를 짓게 한다. 나라가 농사를 짓지 않으면, 제후들과 권력을 다툴 때 스스로를 지킬 수 없고, 힘이 부족하게 된다. (『상군서』「농전(農戰)」)

평상시에는 농사를 짓다가 전시가 되면 전투에 참가하는 것을 '농전(農戰)'이라 하는데, 상앙은 농전을 통해 진나라의 경제력과 군사력의 증대라는 두 마리 토끼를 한꺼번에 잡고자 했다. "나라를 부흥시키는 것은 바로 농전(國之所以興者, 農戰也)"(『상군서』「농전」)이라고 생각했기 때문에, "나라는 농전을 하면 안정되고, 군주는 농전을 하면 존귀해진다(國待農戰而安, 主待農戰而尊)"(같은 곳)며 효공을 설득했다.

성인이 나라를 운영함에, 안으로는 백성이 농민이 되도록 하였고, 밖으로는 전투에 참가하도록 했다. ……안으로는 백성들이 힘을 다하여 초원이 황폐해지지 않도록 하고, 밖으로는 죽음에 이르면서도 적을 이기도록 하였다. 적을 이기고 초원이 황폐해지지 않으면 부강이 이루어지는데, 앉아서도 이루어질 수 있다. (『상군서』「산지」)

농전을 실시하면 나라가 부강해지는 것은 누워서 떡 먹기라는 것이 상앙의 주장이었다. 이를 위해 그는 백성이 농사 하나만 짓게 하는 '작일(作壹)'을 주장하였고, 이를 상벌 체계로 확장하여 하나같은 상 '일상(壹賞)', 하나같은 벌 '일형 (壹刑)'을 시행하였으며, 교육 체계로 확장하여 하나같은 가르침 '일교(壹敎)'를 정책적으로 전개하여 정치·경제·교육이 일체가 된 하나같은 사회, 하나같은 국가를 만들어나갔다.

이것은 모두 인간이 명예와 이익을 추구하는 존재라는 것을 전제로 한다. "이익이 땅에서 나오면, 백성은 힘을 다하고; 명예가 전쟁에서 나오면, 백성은 죽을 각오로 싸운다" (『상군서』「산지」). 백성이라는 존재는 살아서는 잘살고 싶어 하고, 죽어서는 이름을 남기고 싶어한다는 것이다.[30] 그렇다면 우선 백성들이 땅에서 이익을 얻을 수 있도록 만들어야한다. 이것을 위해 가장 먼저 해야 하는 것은 공평하고 통일적인 세금 정책을 수립하는 것이다. 그다음은 그것을 만천하에 알려야 한다. 이는 백성의 알 권리를 위해서인데, 새로운 정책이 생겼는지도 모른다면 탐관오리들이 백성의 무지를 이용해 자신들의 배를 불릴 수도 있기 때문이다.

백성이 이익을 얻을 수 있는 기반을 조성한 다음으로 해야 할 일은 이들이 명예를 추구할 수 있도록 하는 것이다. 무엇보다 농사를 천한 일이라고 여기게 하면 안 된다는 것이 상앙의 생각이었다. 관직을 농전에 참여한 공로에 의해 준다면 사람들은 너도나도 농전을 하려고 할 것이기 때문이다. 이익과 명예를 하나의 길에서 얻을 수 있도록 하는 것이 중요하다. 그래서 상앙은 형벌·관직·신분이 하나로 통일된 체계이기를 원했던 것이다.

상앙은 귀족 자제들이 세습적으로 작위와 땅을 얻는 것을 막고, 그들에게 부역을 부과하고 사람을 사서 농사를 짓지 못하게 함으로써 이들 또한 농사를 짓도록 하였다. 당시 귀족들의 반발이 어떠했는지는 상상이 갈 것이다. 이들은 집에서 편하게 『시경』『서경』이나 암기해서 관직을 얻으려고 했고, 그것이 가능하다면 백성들도 어떻게든 자식들에게 농사는 짓지 말고 『시경』『서경』을 공부하도록 할 것이기 때문이었다. 이렇게 되면 싸울 사람이 없어지고 나라는 반드시 약해진다는 것이 상앙의 지론이었다.

농사짓고 전쟁하는 백성이 천 명이라도, 『시경』『서경』을 잘 아는 자가 한 명이라도 있으면, 천 명 모두 농사짓고 전쟁하는 것에 게을러지게 된다. ……백성들이 농사와 전쟁을 하지 않으려는 것은 윗사람들이 말하기를 좋아하고 관리들이 정상이 아니기 때문이다. 관리가 정상이면 나라가 잘 다스려지고, 하나에 힘쓰면 나라가 부유해진다. 나라가 부유하면 잘 다스려지니, 이것이 바로 왕도다. (『상군서』 「농전」)

언제나 그렇듯이 위에서 모범을 보이는 것이 중요한 법이다. 관리들이 백성들한테 일하라, 싸우라고 말하면서 자기 자식들은 일하지 말라, 싸우지 말라고 한다면, 백성이 아무리 어리석어도 그 말을 따를 정도로 어리석은 사람은 없을 것이다.

상앙이 위도 아래도 모두 '하나'에 힘써야 한다고 외쳤는데, 그가 말한 '하나'는 바로 농사다. 지금에 적용하면 노동일 것이다. 누구나 일하는 사회, 그리고 누구나 싸우는 사회, 그것이 바로 상앙이 생각하는 이상 사회다. 상앙이 생각하기에, 누구는 군대를 가지 않겠다고 외국의 영주권을 얻거나, 누구는 일하지 않고도 임원이라는 명목으로 봉급을 받는 것은 옳지 않은 일이며, 근절되어야 하는 일이다. 그는 힘든 일에서 자기만 빠지려고 하는 간사한 마음이야말로 형벌로 확실히 뿌리를 뽑아야 한다고 생각했다.

나라를 좀먹는 것들을 없애라

상앙은 예악·시서(詩書)·수선효제(修善孝悌)·성신정렴(誠信貞廉)·인의(仁義) 그리고 군대를 반대하고 전쟁을 부끄러워하는 것(非兵羞戰)을 '나라를 좀먹는 여섯 가지 이(蝨)'라고 비판하였다. 이것은 본래 풀어보면 열두 가지로, 예·악·시·서·수선·효제·성신·정렴·인·의·비병·수전이다.

시서는 사서오경(四書五經), 즉 유가 경전인 『논어』 『맹자』 『대학』 『중용』의 '사서'와 『시경』 『서경』 『예기』 『역경』 『춘추』의 '오경' 중 『시경』과 『서경』을 가리키는 것이다. 상앙 이후의 법가들은 유가 경전을 더 싫어하여 태워버리자고(焚書) 주장하기까지 하였다.

이 열두 가지는 본래는 좋은 덕목들로서 모두 당시 유가가 주장하던 것들인데, 주변 제후국과 끊임없이 전쟁을 벌이고 있던 전국 시대에는 백성을 전쟁에 나가 싸우도록 하는 데 방해가 되는 해로운 덕목들로 여겨졌다.

상앙은 나라에 이 열두 가지가 있으면 윗사람들이 농전(農戰)을 시행하지 않아 반드시 나라가 가난해진다고 생각했다. 게다가 이 열두 가지가 무리를 이루게 되면 군주가 아무리 잘 다스리려고 해도 신하들을 이길 수 없게 되고, 관리가 아무리 잘 다스리려고 해도 백성을 이길 수 없게 되므로, 나라를 좀먹는 이라고 보았던 것이다. 그리고 그가 그것들을 경계했던 이유는 도덕이란 스스로의 자각에서 비롯되는 것인데, 현실적으로 사회의 모든 사람이 그것을 자각하도록 하는 것은 쉽지 않은 법이라고 생각했기 때문이다.

어진 사람은 다른 사람보다 어질지만, 다른 사람을 어질게 만들 수는 없다. 의로운 사람은 다른 사람에게 사랑을 베풀 수는 있지만, 다른 사람이 사랑을 베풀도록 할 수는 없다. (『상군서』「근령(靳令)」)

이것을 보면 마치 상앙이 모든 도덕을 부정하고 법만을 우선시하는 것처럼 보이는 것이 사실이다. 따라서 사마천이 천재라고 여겼던 전한 시대 가의(賈誼)라는 사람은 상앙에 대해 "예의를 어기고 윤리를 버림으로써 진나라 풍속을 엉망으로 만들었다"고 비판하기도 했다.

그러나 사실 상앙도 예전에는 예의를 비롯한 유가적 가치관을 중시한 사람이었다. 효공을 처음 만났을 때 유가 사상을 설파하기도 했었다. 그러나 당시의 진나라는 이미 유가 사상이 주류를 차지하고 있었는데도 사회적 기강이 어지러웠다. 훨씬 전에 이미 공자가 한탄했듯이 중국 전역에서 예

『논어』『맹자』『중용』『대학』 등의 네 경전(왼쪽)과, 『시경』『서경』『주역』『예기』
『춘추』 등의 다섯 경서를 아울러 '사서오경(四書五經)'이라 한다.

악이 붕괴되어 있던 시대였다. 병이 깊어지면 약만으로는 고
칠 수 없으면 수술이 필요하듯이, 상앙이 선택한 것은 법과 형
벌이라는 강력한 수단이었다. 벌을 주어 사람의 이기적인 마
음속에서 자라나는 간사함이라는 이를 잡아 없애고, 상을 주
어 다친 상처를 치료하는 것이 최선이라고 상앙은 생각했다.

이라는 벌레는 좁쌀보다도 작은 해충이지만, 사람의 머리
와 피부에 기생하면서 발진티푸스와 같은 질병을 유발한다.
게다가 전파력이 좋아 전염병을 다른 사람에게 옮기는 골치
아픈 녀석이다. 상앙은 유가 사상을 이런 해충에 비유함으
로써, 전쟁에 나가지 않으려고 하는 안이한 자세가 결국은
사람에서 사람으로 퍼져 심각한 병을 유발할 것이라고 경고
한 것이다.

상앙이 중시하는 것은 항상 상황의 변화다. 평화로운 시
기에 유가 사상은 인심을 순화시키고 사회를 화합하는 데

도움이 될 수 있다. 그러나 전쟁 시기에 그것은 하루라도 빨리 잡아 없애야 하는 해충일 따름인 것이다.

> 농사짓는 사람은 적은데 유세나 하면서 먹고사는 사람은 많으면, 그 나라는 가난해지고 위험에 빠진다. ……백 사람이 농사지어 한 사람은 놀면 왕도이고, 열 사람이 농사짓고 한 사람이 놀면 강한 나라이고, 반은 농사짓고 반은 놀면 위태롭다.
> (『상군서』「농전」)

남들은 다 일하는데 그 덕에 놀고먹는다면, 상앙의 눈에는 그는 해충일 따름이다. 벼멸구[螟]·메뚜기[螣]·개미[蚼]·구더기[蠋] 등일 따름이다. 이런 해충이 한번 나타나면 흉년이 들어 농민을 여러 해 동안 굶주리게 만들기 때문에 반드시 잡아 없애야 하는 것이다.

게다가 그가 이들이라고 딱히 지목하지는 않았지만 개혁의 대상으로 여기는 이들은 병역과 조세를 피하여 부를 축적해가고 있던 봉건 지주 계급이었다. 이들이 토지와 재화를 독점하여 나라의 경제와 백성의 삶을 위협하고 있었기 때문이다. 이들은 사사로이 자신들의 이익만을 추구하면서도 입으로는 인의를 떠들어대고 그것이 마치 바뀌어서는 안 되는 성인의 제도인 것처럼 정당화했기 때문에 상앙은 토지 개혁과 더불어 이들이 변명으로 늘어놓는 유가 사상을 공격한 것이다. 곧, 상앙의 변법은 당시의 사회적 전환에 대해 정치적으로 대응한 것이라고 할 수 있다.

상앙의 개혁은 진나라의 법문화를 정착시키고, 사람들을 근면하고 용감하게 변신시켰다. 이런 법치 문화를 기반으로 군주는 정치적 권위와 지존의 자리를 확립했다. 진 효공은 성인은 되지 못했지만, 패자는 될 수 있었다. 그러므로 상앙의 법치가 현대의 법치와는 분명히 다르다고 할 수 있다. 현대의 법치는 국민의 권리를 지키기 위해서 존재하지만, 상앙의 법치는 군주의 권력을 지키기 위해 수립되었기 때문이다. 그리고 이것은 관중의 법치와도 확연히 다르다. 관중은 백성을 국가의 근본이라고 보았지만, 상앙은 군주를 그렇게 보았기 때문이다. 국가를 위한 삶, 이것이 상앙이 추구한 삶이었던 셈이다.

제5장 한비자: 법·술·세, 다 필요해

한비(韓非, 기원전 280~기원전 233)는 '한비자'로 더 잘 알려져 있는 전국 시대 말기 법가의 대표적 사상가다. 그는 한(韓)나라 왕의 서자로 신분은 비교적 높은 편이었지만, 언제 태어났는지에 대해서는 잘 알려져 있지 않다. 그는 유가·도가·법가·묵가·병가·음양가 등 여러 학문에 두루 능통했다. 그래서 그의 저술인『한비자』는 10만여 자인데 선진 시대 제자백가의 사상이 다 녹아 있다.

그리고 무엇보다도 한비자는 이전까지의 법가 사상을 종합한 사람으로 더 유명하다. 한비자 이전의 법가에는 대표적 학파가 셋이 있었다. 상앙을 따르는 이들은 상벌을 분명히

한비자(왼쪽)와 마키아벨리. 똑똑한 군주를 키우기 위한 한비자의 제왕학은 마키아벨리즘에 비유되곤 한다.

하고 엄격하게 실행하도록 하는 '법(法)'을 중시했고, 신불해(申不害)를 대표로 하는 이들은 군주가 신하의 음모를 막고 간신과 충신을 구별할 수 있는 '술(術)'을 중시하였으며, 신도(慎到)를 따르는 이들은 군주의 권위를 의미하는 '세(勢)'를 중시하였다. 한비자는 이들 세 가지 학파의 주장을 종합하여 법가 사상을 집대성하였다. 그는 법·술·세 이 세 가지 요소를 잘 활용하는 군주야말로 똑똑한 군주라고 생각했다.

    똑똑한 군주를 키우기 위한 한비자의 제왕학은 마키아벨리즘에 비유되기도 한다. 마키아벨리(Machiavelli)는 르네상스 시기 이탈리아의 사상가다. 그가 쓴 『군주론』은 지금도 세계 정치가들에 의해 많이 읽히는 책이다. 그것은 그가 책 속에서 군주에게 너무나 현실적인 충고를 해주었기 때문이다. 그는 군주에게 권력을 얻기 위해 법뿐만 아니라 힘에도 호소해야 한다고 말한다. 법은 인간에게 행하는 것이지만, 힘은 짐승에게나 쓰는 것이라고 말하면서 말이다.

마키아벨리만큼 지나치게 솔직하지는 않았지만, 『한비자』도 군주에게 강한 국가를 만들기 위한 방안으로 법 이외의 것들, 즉 술과 세를 제시한다. 두 사람 모두 군주가 정치에서 일종의 테크닉을 능숙하게 발휘해야 한다고 생각한 점에서는 의견을 같이한다. 물론 한비자가 마키아벨리보다 훨씬 이전의 사람이었지만, 군주에게 등용되어 자신의 정치적 주장들을 실제로 실현시키고자 하는 마음만큼은 그에 못지않았다. 그는 자신의 조국인 한나라의 부흥을 바라는 마음을 고스란히 글로 남겼다.

후에 마오쩌둥도 젊은 시절 그런 생각을 가지고 『한비자』를 여러 번 읽었으며, 근대 중국의 사상가들 또한 한비자의 법가 이념을 통해 중국을 기사회생시키고자 했다. 근대 중국의 저명한 관료이며 학자였던 량치차오(梁啓超)도 "법가의 법치주의만이 중국을 구할 수 있다"고 생각했다. 지금 와서 보면 량치차오의 말은 반은 맞는 말이기는 하다. 물론 법가의 법치주의가 아니라, 법치주의가 중국을 구할 수 있지만 말이다.

중요한 것은 중국이 법치의 전통을 이야기할 수 있는 것은 한비자 덕분이라는 것이다. 관중도 상앙도 법가적 인물이라고 할 수 있지만 한비자에는 미치지 못한다. 그만큼 법가에서 한비자의 지분은 상당하다. 그는 비록 진시황에 의해 일찍 죽었지만, 그가 남긴 글은 후대에도 법치 실현을 위한 훌륭한 지침이 되고 있다.

진시황이 반한 남자

진시황(시황제)은 삼황오제의 '황(皇)'자와 '제(帝)'를 합쳐 '황제'라는 칭호를 역사상 처음으로 사용한 인물이다. 그래서 오늘날 우리는 그를 처음 황제라는 의미의 '시황제(始皇帝)'라고 부르는 것이다. 그가 자신을 이토록 높일 수 있었던 이유는 중국 역사상 처음으로 전국을 통일하여 하나의 왕조를 건설한 사람이기 때문이다. 이 시대를 중국은 '대일통(大一統)' 시대라고 부른다.

한비는 원래 순자(荀子)의 학생이었는데, 진시황의 오른팔로 알려져 있는 이사(李斯)와 같이 공부했다. 같은 스승에게 배웠으니 생각은 비슷했을지 모르지만, 두 사람은 신분이나 성격이 달라도 너무나 달랐고, 결국 이들이 선택한 길도 확연히 달랐다.

이사는 본래 공문서를 담당하던 보잘것없는 관리였는데, 어느 날 화장실에 사는 쥐와 쌀 창고 안에 사는 쥐를 보고 깨달은 바가 있었다. 화장실에 사는 쥐는 사람의 대변을 먹고 살면서 누가 오기만 하면 숨기 바쁜데, 쌀 창고 안에 사는 쥐는 크고 통통하고, 누구도 와서 위협하는 사람이 없기 때문에 느긋하게 지내는 것이었다. 이를 본 이사는 '성공하

진시황(기원전 259~기원전 210, 재위: 기원전 247~기원전 210)은 중국 진(秦)나라의 제1대 황제다. 그는 기원전 221년에 중국을 통일할 때 한비자의 법가 사상을 통일적인 중앙집권적 봉건 국가를 건설하는 밑거름으로 삼았다.

지 못하면 사람도 쥐들처럼 자신이 사는 곳에 따라 결정되겠구나' 하고 생각했다. 그래서 그는 일을 그만두고 제나라로 가서 순자를 스승으로 모시고 제왕의 학문을 공부했다.

공부를 마친 뒤, 이사는 꼼꼼히 따져보고 진나라로 가서 당시 무소불위의 권력을 누리던 여불위(呂不韋)의 눈에 들어 진왕(후에 진시황이 된 영정嬴政)에게 접근했다. 그는 진왕에게 간언하였다. "진 효공 이래 주나라 천자가 힘을 잃었고, 제후

국들이 서로 끊임없이 전쟁을 하니, 이때야말로 진나라가 일어설 때입니다. 지금 진나라는 국력이 강대하고, 대왕은 현명하고 덕이 있으니, 나머지 여섯 나라를 먼지 쓸듯이 쓸어버리고 제업을 달성하고 천하를 통일할 수 있는 절호의 기회입니다."

그리고 여섯 제후국들의 사이를 서로 이간질하는 계책을 내놓았다. 이것은 진왕의 마음에 쏙 들었고, 이사는 그 후 승승장구하게 되었다.

한비는 이사와 달리 중용되지 못하고 있었다. 그는 한나라 왕의 서자로 신분은 높았지만, 아는 것에 비해 말솜씨가 없어도 너무 없었다. 한나라 왕에게 자신의 정견을 얘기해봤지만 받아들여지지 않았다. 그러다가 진나라가 한나라를 상대로 전쟁을 일으키자 사신으로 진나라에 파견됨으로써 자신의 가치를 입증할 기회를 얻게 되었다. 한비는 황제가 되기 전의 진왕 정에게 한나라를 침략하지 말아야 하는 이유를 열심히 설파했지만, 오히려 그를 이대로 한나라로 돌려보냈다가는 진나라에게 불리할 것이라는 생각을 갖게 만들어버렸다. 결국 한비는 진나라의 차디찬 감옥에서 젊은 나이에 죽음을 맞이하게 되었다.

『사기』「노자한비열전」에는 이사와 요가(姚賈)가 한비를 살려두었다가는 후환이 될 것이라고 간언하는 장면이 자세

이사(?~기원전 208)는 중국 진(秦)나라의 정치가로 한비자의 법가 사상을 이용하여 여러 나라를 병합했다. 한비와는 젊은 시절 순자(荀子)를 스승으로 모시고 함께 공부했는데, 이후 한비와 이사는 전혀 다른 길을 걷게 된다.

하게 적혀 있다. 이사는 비참한 죽음을 맞이할 친구를 위해 사약을 보내어 한비자가 자진을 하도록 하였는데, 후에 진왕이 그 소식을 듣고 후회했다고 전해진다.

왜 진왕은 한비의 죽음을 한탄하였을까? 한비의 사상은 한마디로 통일적인 중앙집권적 봉건 국가를 건설하기 위한 것이었기 때문이다. 진왕은 한비의 죽음 이후 그의 저서를 신하들에게 연구하게 시켜 그것을 통일 제국을 건설하는 밑거름으로 삼았다. 한비는 대담하고 날카롭게 요점을 딱 짚어내는 글솜씨로 진왕의 마음을 사로잡았지만, 자신의 목숨도 자신의 나라도 구하지 못했다.

통치의 수단으로 쓰인 이기심

한비자도 상앙과 마찬가지로 인간은 이익을 좋아하고 손해를 싫어하는 이기적인 존재라고 생각했다. 그는 무엇보다도 인간을, 이익을 위해서라면 싫은 것도 신경 쓰지 않는 존재로 여겼다.

뱀장어는 뱀처럼 생겼고, 누에는 벌레처럼 생겼다. 사람은 뱀장어를 보면 놀라고, 누에를 보면 털이 곤두선다. 그런데 부인들은 누에를 모으고 어부는 뱀장어를 잡으니, 이익이 있다면 그것이 싫다는 것도 잊는 법이다. (『한비자』「내저설(內儲說)」)

인간은 이렇게 이익을 좋아할 뿐만 아니라, 거기에 더해 이익을 위해서라면 인정도 버리기까지 한다. 심지어 아들을 낳으면 좋아하지만 딸을 낳으면 죽이기까지 한다. 이때 부모의 마음은 '계산하는 마음(計算之心)'(『한비자』「육반(六反)」)이다. 즉 장기적인 이익을 고려한 행동인 것이다. 이를 두고 유가는 '사람은 천성적으로 선하다'고 보았고, 더 나아가 묵가는 '사랑을 사회에까지 확대하라'고 했던 것인데, 한비자의 생각은 이들과 확연히 달랐다.

한비자의 의도는 인간의 본성이 이러하니 죽어 마땅하다고 말하려는 것이 아니라, 부모와 자식 사이도 이러한데 하물며 군주와 백성 사이는 어떠한가를 빗대어 설명하고자 것이다. 그러므로 군주는 백성들의 이런 이기적 본성을 거스를 수 없다는 말이다.

무릇 천하를 다스리려면 반드시 인정에 따라야 한다. (『한비자』「팔경(八經)」)

군신 관계는 서로 이익을 주고받는 관계다. 유가가 생각하는 것처럼 군신 관계가 윤리적인 관계는 아닌 것이다. "군주는 신하에게 관직을 팔고, 신하는 지혜를 판다"(『한비자』「외저설우하(外儲說右下)」). 마차를 만드는 장인은 사람들이 마차를 살 수 있을 정도로 부귀해지기를 빌고, 관 만드는 장인들은 사람들이 빨리 죽기를 바라는 법이다. 그렇다고 마차 만드는 사람은 착하고 관 만드는 사람은 나쁜 사람일까? 모든 것은 이익과 관련된 것일 뿐이라고 한비자는 생각했다.

인간의 이기심을 잘 이용하면 통치를 잘할 수 있다. 요역이 많으면 백성이 괴로워하고, 백성이 괴로워하면 그것을 힘으로 누르려고 하는 법이다. 그러면 무력이 필요하고 군대를 먹여 살릴 돈이 필요하니 또다시 백성들에게 세금을 더 내게 할 수밖에 없다. 이런 악순환은 결국 장기적으로 이익이 되지 못한다고 한비자는 생각했다.[31] 국가의 정치적 안정과 백성의 경제적 안정이 충돌하는 경우 전자보다 후자를 추구해야 하는 법인데, 이것은 곧 이익을 얻고자 하는 백성들의 심리를 잘 알고 있기 때문이다. 경제적 안정이 이루어지면 백성들이 복종하게 되고, 그러면 자연스럽게 정치적 안정이 이루어지게 된다. 그러나 만일 그것이 전도된다면, 백성들은 불만을 갖게 되고 사회는 혼란스러워지게 될 것이다.

인(仁)이 아니라 힘이 최고

세상의 학자들은 군주에게 말하기를 "위엄의 권세로 간신

배들을 누르라"고 하지 않고, 모두 "인의와 자애뿐이다"라고 말한다. 세상의 군주들은 인의를 아름답게 여기고 그 실상을 살피지 않으니, 이것이 크게는 나라를 망하게 하고 자신을 죽게 만들며, 작게는 영토가 줄어들게 하고 군주가 비루해지도록 한다. (『한비자』「난일(難一)」)

인의를 얘기하는 사람들은 유가다. 유가는 덕을 통한 통치(덕치)를 주장해왔다. 물론 이런 정치는 삼대라고 불리는 황금기에는 좋은 정치로 회자되었다. 그러나 전국 시대에 이렇게 했다가는 나라 망한다고 한비자는 충고한다.

보통 인의는 백성을 불쌍히 여기는 것인데, 공이 없어도 상을 주고 죄를 지어도 사면하면, 반역하는 자를 막을 수 없고 전쟁터에서도 열심히 싸우려고 하지 않을 것이다. 유가는 인의에 의한 덕치를 실현할 수만 있다면 세상이 잘 다스려질 것이라고 한다. 그런데 한비자는 그렇지 않다고 말한다. 군주가 백성을 사랑하는 것은 아버지가 자식을 사랑하는 것만 못한데, 그 말대로라면 화목하지 않은 부자 관계는 없어야 한다는 것이다. 그런데 부모가 아무리 자식을 사랑하더라도 때로는 자식이 부모에게 반항할 수도 있다는 것이다. 부모 자식 간에도 그러한데, 군주와 신하, 군주와 백성 간에는 더 말할 필요가 없을 것이다.

한비자는 인의와 더불어 예 또한 비판하였다. 그는 예라는 것은 외모를 꾸며 자신의 마음을 상대가 알아채도록 하는 것을 말한다며, 사람들이 예쁘게 보이려고 금은으로 장식하듯이 마음을 장식한 것이라고 말한다. 그런데 정말 아름다운 사람은 장식을 할 필요가 없다. 장식을 지나치게 했다는 것은 실제로 아름답지 못하다는 것을 숨기고 싶기 때문이라는 것이다. 그것은 아버지와 아들 사이처럼 친한 사이에는 오히려 예를 그다지 차리지 않는 것을 보면 알 수 있다고 한다. 그러므로 그는 인의도덕으로부터 오히려 멀어져야 한다고 충고한다.

인의가 아니라면 그럼 무엇으로 다스려야 할까? 그것은 힘이다. 단순한 강제와 힘에 의한 억압을 말하는 것이 아니다. 한비자가 말한 군주의 힘이란 법·술·세로부터 나온다.

법이란 관청에서 제시하는 것으로, 법을 어기는 자에게는 반드시 벌을 주고 법을 잘 지키는 자에게는 반드시 상을 준다는 것을 백성들에게 확실하게 알려서, 여러 신하들 또한 이를 따르도록 하는 것이다. 그것은 제도적 힘이다.

술이란 군주가 신하의 능력에 따라 관직을 주고, 그 공을 평가하여 그에 따라 그를 죽이거나 살릴 수 있는 힘을 장악하는 것이다. 그것은 조직적 힘이다.

세란 군주에게 용이 타고 다니는 구름과 같고, 뱀이 움직

송대(宋代) 화가 진용(陣容), 「운룡도(雲龍圖)」(광둥성 박물관 소장).

이는 안갯속과 같다. 그것이 있다면 우매한 백성은 물론이고 똑똑한 자들도 따르게 할 수 있다. 호랑이나 표범과 같은 맹수가 사람을 이기고 모든 짐승의 왕인 것은 다름 아니라 이들이 가지고 있는 발톱 때문이라고 한비자는 말했다. 군주는 그 발톱을 가져야 한다. 그것이 바로 세다. 그것은 인격적 힘이다.

하늘을 나는 용은 구름을 타고, 승천하는 뱀은 안갯속에서 움직인다. 구름이 사라지고 안개가 걷히고 나면, 용이나 뱀도 지렁이나 개미와 마찬가지일 뿐이다. 그것은 그들이 타고 다니던 것들을 잃어버렸기 때문이다. (『한비자』「난세(難勢)」)

세는 일종의 카리스마로, 법·술과 함께 해야 비로소 효과가 있다. 군주의 지위가 수레라고 한다면, 세는 수레를 끄는 말이고, 법은 채찍이다. 이런 것들이 갖추어져 있는데 나라가 다스려지지 않는다는 것이 오히려 이상할 정도다.

법·술·세를 통한 통치를 주장한 한비자를 그래서 동양의 마키아벨리라고 하는 것이다. 인의를 갖추고 백성을 사랑하는 착한 군주보다, 때로는 여우처럼 때로는 사자처럼 백성을 리드할 수 있는 군주를 원했기 때문이다. 과거 동양 정치에서 군주의 역할은 무척이나 중요했다. 그러나 이들이 모두 성인과 같은 훌륭한 정치가는 아니었다. 그런 평범한 군주들이 성공적인 정치를 할 수 있으려면 때로는 자신을 보여주고 때로는 숨기면서 현대의 아이돌 같은 이미지 메이킹이 필요했다. 이전에는 착하면서도 능력 있는 왕을 연기했다면, 전국 시대에는 더 교활하고 강한 왕을 연기해야 하는 것이다.

토끼는 기다려도 오지 않는다

『한비자』「오두(五蠹)」에는 유명한 토끼 이야기가 나온다. 사자성어 '수주대토(守株待兔)'가 바로 그 이야기다.

송나라 사람이 밭을 갈고 있는데 토끼 한 마리가 달려와서 밭 가운데 있는 나무 그루터기에 부딪혀 목이 부러져 죽었다. 그 일이 있고 난 후 그 사람은 밭은 갈지 않고 그루터기만 바라보고 토끼가 달려와서 부딪혀 죽기만을 기다렸다. 하지만 토끼는 다시 오지 않았고, 송나라 사람들을 그런 그를 비웃었다.

한비자는 과거에 한 번 이루어졌다고 해서 지금도 이루어질 것이라고 믿는 사람들에 대해 토끼 이야기를 빗대어 얘기했다. 유가는 언제나 고대에 이루어졌던 성인의 정치를 얘

수주대토. 중국 송나라의 한 농부가 우연히 나무 그루터기에 토끼가 부딪쳐 죽은 것을 잡은 후, 또 그와 같이 토끼를 잡을까 하여 그루터기만 지키고 있었다는 데서 유래한다. 「한비자」 「오두편」에 나온다.

기하곤 한다. 그리고 언제까지나 그런 정치를 해야 한다고 주장하지만, 그것은 어리석은 송나라 사람이 그루터기를 바라보고 있는 것과 다름없는 일이라는 것이다. 이제 아무리 기다려도 토끼는 오지 않는다.

옛날에는 사람들이 나무 열매만 먹고 짐승의 가죽으로 옷을 만들어 입고도 충분했지만, 지금은 그렇지 않다. 그때는 지금보다 사람도 적고 재화도 넘쳐났다. 그래서 상을 주거나 벌을 주지 않고도 다스릴 수 있었지만, 지금은 그렇지 않다. 이제 시대가 달라졌다고 한비자는 강조한다. 그리고 그에 따라 통치 방식 또한 달라져야 한다는 것이다. 우리도 지금, 옛날에는 그렇지 않았는데 요즘 젊은이들은 버릇이 없어졌다는 얘기를 어르신들께 많이 듣는다. 그것은 사람이 변했기 때문이 아니라 시대가 달라졌기 때문이다. 그런데 옛날 방식대로 할 것을 고집하면 먹히지 않는다. 한비자는 그것을 잘 이해한 사람이었다.

유가는 요임금이 순임금에게, 순임금이 우임금에게 혈육도 아닌데 순순히 자리를 물려준 것에 대해 입이 닳도록 칭찬한다. 한비자는 그것이 옛날 천자가 인품이 훌륭해서가 아니라 천자의 지위가 보잘것없었기 때문이라고 생각했다. 지금 국회의원이나 대통령 자리를 놓고 싸움이 치열한데, 그것이 이들의 인품이 나빠서가 아니라 그와 관련된 이권이 크기 때문이다. 그 자리로부터 얻는 이익이 크면 클수록 싸움은 치열해질 수밖에 없다.

세상이 달라지면 사정도 달라진다. (『한비자』「오두」)

인의가 옛날에는 괜찮은 통치의 방법이었다면, 전국 시대에는 더 이상 그렇지 않다는 것이다. 옛날에는 도덕이 누가 뛰어난지를 가지고 서로 싸웠다면, 전국 시대에는 힘이 누가 센지로 싸웠기 때문이다. 그리고 이제 이들이 전쟁으로 얻게 되는 떡고물도 이전에는 상상도 할 수 없을 정도로 커졌다. 싸움은 더욱 치열해질 것이라는 것은 불을 보듯 뻔하다. 이 싸움에서는 고대에 지켜지던 예를 갖추던 전쟁의 룰은 더 이상 지켜지지 않는다. 이런 도덕도 뭐도 없는 막무가내의 싸움에서 이기기 위해서는 어떻게 해야 할까?

그저 옛것만을 따른다면, 밖으로 다른 나라를 이길 수 없는 것은 물론이고, 안으로 나라를 지키기도 힘들다. 달라진 세상에 맞는 통치 방법, 통치 시스템의 확립만이 살길이다. 인재를 새로 뽑아 제대로 관리하고, 법을 정비하여 새로운 시스템을 확립하고, 동기 부여를 통해 경제를 살리는 등 효율적으로 국가를 운영해야 한다. 그것을 위해 군주는 자신이 가진 모든 자원과 재화를 사용해야 한다. 백성과 신하가 모두 군주 한 사람을 따르도록 하는 시스템의 확립, 그것을 한 비자는 강한 나라라고 부르고, 그것만이 살길이라고 생각했다. 이것은 아이러니하게도 자신의 한나라가 아니라 적국인 진나라에 의해 사용되어 천하 대통일을 실현할 수 있는 발판을 만들어주었다.

군주에게 주어진 칼 두 자루

군주에게는 두 자루의 칼이 있는데, 그것은 바로 상과 벌이다. 사람들은 상을 좋아하고 벌은 싫어하는 법이다. 한비자는 군주는 절대 이 두 자루의 칼을 놓아서는 안 된다고 충고하였다. 칼은 사람을 죽일 수도 있는 도구다. 군주는 상과 벌을 가지고 사람을 살리기도 하고 죽이기도 한다. 이것은 곧 군주의 권세를 의미한다. 군주가 그 권세를 잃어버리는 순간 그의 말을 누구도 듣지 않게 된다. 그렇게 되면 질서가 어지러워지고, 결국은 나라를 잃고 만다.

상과 벌이라는 칼자루를 잃어버리는 가장 큰 이유는 공평성과 일관성의 상실이다. 상을 주거나 벌을 줄 때 사람을 가려 하지 않고 누구에게나 똑같은 기준을 적용한다면, 사람들은 그 기준을 정당하다고 받아들이게 되어 있다. 그리고 감정에 치우치지 않고 일관성을 갖고 상을 주거나 벌을 준다면, 누구도 원망하는 이가 없을 것이다. 상과 벌은 또한 적절하게 이루어져야 한다. 너무 많아도 너무 적어도 좋지 않다.

공이 없는 자에게 상을 주면 재화를 다 쓰게 되어 백성이 원망하게 된다. 재화가 부족하면 백성이 힘을 다하지 않는다. 그러므로 상을 지나치게 주면 백성을 잃게 되고, 형벌을 지나치게 사용하면 두려워하지 않게 된다. 상이 있어도 권하기에 부족하게 되고, 형벌이 있어도 금지하기에 부족하게 되면, 나라가 커도 반드시 위태롭게 된다. (『한비자』「식사(飾邪)」)

한비자는 똑똑한 왕은 상을 주는 것이 마치 가뭄에 단비 내리듯 시의적절해야 하고, 백성들이 고마움을 느끼도록 해야 한다고 말한다. 마찬가지로 벌 또한 벼락 치듯 위엄이 있어야 한다. 잘한 일에는 반드시 상을 주고, 잘못한 일에는 반드시 벌을 주어야 하고, 벌을 주면 엄하게 해야 하고, 비록 친하거나 사랑하는 이가 잘못을 저질렀더라도 반드시 벌을 주어야 한다(『한비자』「주도(主道)」). 한비자의 이러한 친소를 불문한 중형주의는 법망을 요리조리 피해 가는 돈 있고 권력 있는 자들에게 일침을 가하고 있다.

죄를 지으면 누구에게나 엄형과 중벌을 가해야 한다는 것이 한비의 생각이다. 백성들이 형벌을 무서워하고 싫어해야 비로소 범죄가 사라지기 때문이다. 또한 죄가 있어도 형벌을 면할 수 있다는 생각을 아예 갖지 못하게 해야 한다고 생각했다.

사물의 근본을 없애려면 뿌리를 뽑아야 한다. (『한비자』「초견진(初見秦)」)

다른 나라의 예를 보면, 법을 중시하고 정확하게 시행한 나라는 강해졌지만, 그렇지 않은 나라는 약해졌다. 위·조·제·연나라 모두 법을 중시하고 형벌을 강화했을 때는 강했지만, 법을 경시하고 형벌이 느슨해지자 약해졌다. 법이라는 것은 형벌에 의해 뒷받침된다. 국가가 마차라면, 법은 말이고 형벌은 채찍인 셈이다. 마차가 잘 달리고 아니고는 말을 어떻게 다루는가에 달려 있다.

　　집에 일정한 일거리가 있으면 흉년에도 굶어 죽지 않고, 나
　　라에 일정한 법이 있으면 혼란이 와도 망하지 않는다. (『한비
　　자』「식사」)

이렇듯 법은 나라의 존망과 직결될 정도로 중요하니 반드시 실행되어야 한다. 법의 공평성과 일관성은 위아래를 막론한다. 한비자는 순임금 때 홍수를 관리하던 관리를 예로 든다. 그 관리는 순임금이 홍수를 막으라고 명령도 내리기도 전에 홍수를 막았는데, 명령을 어긴 죄로 사형을 받았다. 한비자는 공적을 세우기 위해 법을 무시하고 시스템을 훼손하는 행위를 하는 관리에 대해 그가 벌을 받은 것이 마땅하다는 논리를 폈다. 다른 무엇보다도 법이 똑바로 서야 하기 때문이다. 법이 제대로 서지 못한다면 그것은 곧바로 군주의 권력이 약화되는 결과를

낳기 때문이다.

이처럼 한비자는 상과 벌을 '군주의 칼 두 자루'라고 표현했지만, 오른손잡이의 경우 벌은 오른손에, 상은 왼손에 있는 것이 틀림없다. 한비자에게는 잘한 일을 권장하기보다는 하면 안 되는 일을 막는 것이 더 중요하기 때문이다. 한비자가 이상적으로 보는 군주는 엄한 군주이지, 인자한 군주는 아닌 것이다.

나, 너 그리고 천하

중국의 춘추 전국 시대는 이름처럼 파란만장한 시대였다. 역사적으로 많은 일들이 일어난 격동의 시기였다고 할 수 있다. 이 시기는 기원전 770년부터 기원전 221년까지, 주(周) 왕조가 동쪽 낙양(洛陽)으로 도읍을 옮긴 때부터 진(秦) 왕조에 의해 멸망하기까지의 시기다. 특히 주 왕조의 패권이 흔들리면서 제후국들이 서로 패권을 위해 쟁탈하면서 여러 사상가들이 설전을 벌이던 시기, 즉 제자백가의 시기로 유명하다. 동양의 성인으로 추앙받는 공자도 이 시기에 태어났으니, 이것은 모두 학문이 발전했기 때문에 가능한 일이었다.

패권을 원하는 제후국들은 전국에서 인재를 모집하여 부국
강병의 기틀을 마련하였는데, 이것이 더욱 학문을 부흥하게
하는 계기가 되었다. 이것은 또한 정치적으로 각종 개혁과
변법을 초래하였다.

이런 변화의 시기에 사람들은 자의식을 갖게 되었고, 자
신이 누구인지, 자신이 속한 사회는 어떠한지, 그리고 어떤
국가를 원하는지 등에 대해 많은 관심을 갖게 되었다. 무엇
보다 중요한 것은 비로소 인간 본연에 대한 관심이 시작되
었다는 것이다. 그것은 훨씬 뒤에는 성(性)이라는 문제로 더
활발하게 논의되었지만, 춘추 전국 시기에는 사람이란 본래
어떤 존재인지에 대해 얘기하는 시작 단계였다. 그럼에도 불
구하고, 보통 사람들이 과거에는 '민(民)'이라는 이름으로 단
순히 피통치자로서 주체적 의식을 갖지 못한 존재로만 여겨
졌다면, 이 시기에 이르면 이들의 주체적 의식과 능동적 욕구
에 대해 긍정하기 시작한다. 그 대표적 사상가가 바로 양주다.

양주, "사회나 국가보다는 자신을 소중히 하라"

양주는 '동양의 개인주의자'라고도 일컬어지지만, 그의 개
인은 서양의 근대 시민 사회에 등장한 개인과는 다른 의미

로 접근해야 한다. 양주는 인간 본연에 대한 관심을 중심으로 사회나 국가가 아닌 독립된 개체로서 개인을 중시했다. 그리고 사람들에게 사회나 국가를 위해 자신을 희생하지 말고 자기 자신의 생명과 삶을 소중히 여기라고 충고했다. 제후국 간에 생사를 거는 싸움이 빈번한 시기, 누구나 사회와 국가를 위해 자신을 희생하라고 말하지만, 그것에 당당히 맞선 용감한 사람이었다.

그렇다고 양주가 자기만을 생각하는 이기주의자라고 말할 수는 없다. 자연과 인간, 인간과 인간의 조화로운 삶, 서로에게 해를 끼치지 않는 자유로운 삶을 주장했을 뿐이지, 남의 것을 빼앗아 자기 것으로 만들고 자신의 것만 무한히 축적하라고 말하지 않았기 때문이다. 오히려 그런 것들은 자신의 삶에서 어리석고 위험한 짓이라고 경고하였다.

묵자, "서로 사랑하라. 우리는 '서로에게 이익이다'"

양주와 달리 묵자는 함께 사는 삶을 강조하였다. 사람은 혼자 사는 존재가 아니며 공동체 안에서 더 행복할 수 있다고 생각한 점에서 아리스토텔레스와 일맥상통하는 점이 있다. 그러나 그는 아리스토텔레스보다는 더 나누는 삶을 지향

했다. '서로 사랑하라'라는 피상적인 듯해 보이는 구호를 외치면서, 그것이 우리에게 '서로 이익이다'라고 현실적으로 납득시키고자 했다. 그는 사람들이 서로 사랑하지 않기 때문에 싸우고, 그렇기 때문에 세상이 혼란하다고 생각했다.

너무나 혼란한 세상에 살았기 때문에, 묵자의 우선적 과제는 안정이었다. 그래서 그는 상현(尙賢)과 상동(尙同)이라는 두 가지 정치 이념을 중심으로 위계가 잘 잡혀 있는 사회를 추구했다. 물론 그 정치적 목표는 돈 있는 사람이나 신분이 높은 사람들만을 위한 것이 아니라 누구나 편안하게 사는 삶, '안생생(安生生)'이었다. 그런 이상 사회를 실현시키기위해서 사람들은 위아래가 하나 되어 함께 일하고 함께 싸워야 한다고 보았다. 원시 공산주의를 연상시키는 그의 이상 사회는 너무나 금욕적이어서 보통 사람들이 따라 하기에는 힘든 것이었다. 그래서 맹자는 양주를 욕했지만 묵자도 욕한 것이다. 양주는 지나치게 개인을 중시하였고, 묵자는 지나치게 사회를 중시했기 때문이다. 유가가 추구하는 것은 개인과 사회의 조화였고, 그 둘은 그 양 극단에 있었다.

양주와 묵자가 각각 원시적 개인주의와 원시적 사회주의를 표방하였다면, 관중·상앙·한비자로 대표되는 법가 사상가들은 원시적 국가주의를 추구했다. 법가야말로 춘추 전국 시대에 가장 적합한 사상이었다고도 할 수 있는데, 그것은 국가가 살아남기 위한 가장 효율적인 국가 운영을 목표로 삼았기 때문이다. 어떻게 하면 강한 나라, 부유한 나라가 될 수 있을까? 이것이 언제나 이들의 마음을 사로잡은 고민들이었으며, 이것을 위해 개인이나 사회는 희생을 할 수밖에 없었다. 이들은 국가가 살아남느냐 사라지느냐의 기로에 처해 있다고 진단하고, 가장 빠른 시기에 가장 효과적으로 그 위기에서 벗어나는 방법에 몰두했다.

법가, "법을 잘 따르는 이에겐 상을, 벗어나는 자에겐 벌을"

법가는 인간은 이기적인 존재라는 인간관에 기초하여 이들을 동원하여 열심히 일하고 싸우게 하는 방법을 고안해냈다. 그것이 바로 법 시스템 안에서 상과 벌을 이용하는 것이었다. 명확하고 공정한 법제도를 만들어 사람들이 활동할 수 있는 분명한 경계를 만들고, 이것을 벗어나는 사람들은 때리고, 제대로 잘 따라오는 사람들에게는 상을 주는 방식으로 강한 국가, 부유한 국가를 이룩하고자 했다.

그 시초라고 할 수 있는 관중은 공자보다 이전에 살던 정치가로서, 산전수전 다 겪은 끝에 결국은 제 환공에게 발탁되어 환공을 패자로 만들었다. 관중이 사용한 방법이 바로 법가의 기초가 되었으며, 그것도 아주 훌륭한 성공 사례로 인정받게 되었다. 관중은 특히 제자백가가 명확하게 여러 분파로 발전하기 이전에 살던 사람으로, 그의 사상에는 여러 학파의 견해가 혼재되어 있다는 점이 특이하다. 그는 경제와 정치를 둘 다 중시하여, 경제적 토대 위에 정치적 기둥을 세워 성공하였다.

후에 상앙도 법가의 방식으로 나라를 운영하여 진 효공을 패자로 만들었다. 상앙은 지금도 중국에서는 여러 드라마의 소재로 활용되는데, 법에 의한 통치를 실현한 대표적 인물이기 때문이다. 평상시에는 일하다가 전쟁시에는 싸우는 '농전(農戰)'을 주장하여 일종의 군사 국가를 완성하였다. 백성은 곧 언제나 싸우러 나갈 수 있는 병사가 되었고, 현대 중국에서는 신중국 건설 이후 불과 몇 해 전까지도 존재했던 생산 부대의 원형이 되었다.

그러나 그런 식의 방식은 반발이 많기 마련이다. 어떤 이들은 싸우고 싶어하지 않는다. 그래서 상앙은 엄격한 형벌을 시행하여 사람들을 강압적으로 동원하였다. 그것은 한편으로는 군주를 중심으로 한 중앙집권적 통치를 가능하게 하였지만, 다른 한편으로는 공포 정치를 초래하였다. 그럼에도 불구하고 상앙의 정치는 훗날 진시황이 중국을 통일할 수 있는 밑거름을 만들어주었다는 점, 그리고 무엇보다도 법치의 기틀을 마련했다는 점에서 긍정적인 평가를 받고 있다.

한비자, 관중·상앙·이회·자산·신도·신불해의 법가 사상 종합

후에 관중·상앙은 물론이고 이회·자산·신도·신불해 등 법가의 사상들을 종합하여 완성한 사람은 한비자다. 한비자는 법·술·세로 요약되는 사상을 하나로 결합시켜 법가 사상을 완성하였다. 법·술·세는 모두 군주의 힘으로, 그것을 잘 다루면 군주는 강한 나라를 만들 수 있고, 그렇지 못하면 나라를 잃게 된다.

한비자는 본래 말에는 젬병이었지만 글만큼은 잘 썼다. 그래서 적국의 왕인 진왕 정(진시황)마저 한비자의 글에 반하였다. 물론 글 자체보다는 그 내용에 더 관심이 있었겠지만 말이다. 한비자는 법가의 인간관, 즉 이기적 인간관에 기초하였지만, 그것을 군주와 백성 간의 관계에만 국한시키지 않고 군주와 신하 간의 관계에까지 적용하여, 군주가 신하를 어떻게 장악하고 다룰 것인지에 대해 자세하게 논하였다. 이러한 정치 역학은 후에 진시황이 전국을 통일하고 최초의 중앙 집권 국가를 건설하는 데 큰 도움이 되었다.

이들 법가는 현대에 와서는 법치주의의 모태로 추앙받고

있지만, 사실은 군주를 위한 삶을 주장하였다는 점에서 지금 우리가 얘기하는 법치주의와는 전혀 다른 것이라고 할 수 있다. 법치주의란 본래 국민의 기본권을 수호하기 위한 것이지만, 법가가 살던 춘추 전국 시대에는 국민도, 기본권도 존재하지 않았기 때문이다. 그때의 법이란 단순히 군주가 국가를 통제하는 수단에 지나지 않았다. 군주가 곧 국가였다. 이들은 국가와 백성을 모두 자신의 재산으로 여겼으며, 국가와 백성을 지키는 일은 결국 이들 자신의 책임이며 의무였다. 후에 송·명 시기에는 평범한 사람들도 나라의 존망에 책임이 있다는 주장들이 나오지만, 춘추 전국 시기에는 백성들은 관리가 되지 않는 이상 정치와는 무관한 존재들일 뿐이었다. 이들을 어떻게 활용하여 국가의 자원으로 효율적으로 이용하는가가 바로 법가의 관심이었으며, 이것을 위한 제도가 바로 법이었다.

나를 위한 삶에서 사회 위한 삶, 나아가 국가 위한 삶

수많은 전쟁을 거치고 생명에 대한 극심한 위기를 거치면서, 사상가들은 '나를 위한 삶'에서, '사회를 위한 삶'을, 그리고 결국은 위기가 격화되면서 '국가를 위한 삶'을 지향하게 되었다. 위기는 언제나 우리에게 선택을 강요하고 희생을 요구한다. 결국은 나를 버리고, 사회를 버리고, 국가로 하나 되고, 효과적으로 동원되는 삶을 살게 된다. 그런 극단적 선택을 보여준 것이 바로 춘추 전국 시대였고, 제자백가의 사상들이었다.

그러나 근거는 모두 '인간은 어떤 존재인가'에서부터 출발한다. 예전에도 그러했고 지금도 그러하다. 인간은 어떤 존재인가? 이것은 우리가 어떤 정치적 선택을 할 때 항상 염두에 두는 것이다. 그리고 현실이 힘든 경우 우리는 우리를 이타적 존재라기보다는 이기적 존재라고 생각한다. 그것은 결국 누구나 이기적 존재라는 생각, 이익을 위해 서로를 저버릴 수 있는 존재라는 생각으로 나아가게 하고, 서로를 불신하게 만든다. 그것은 결국은 법가가 개발해낸 강압적 방법을 고안하도록 하고, 인간 자신을 공격하는 화살로 되돌아오게 된다. 이렇게 조금씩 조금씩 우리는 더 통제받고 통제하는 사회로 걸어들어가고 있다. 그러다 가끔 누군가가 통제를 벗어나면 가혹한 처벌을 함으로써 하나 되기를 강요하고, 더 많은 사람들이 그것을 거부하게 되면 위기를 조장하거나 극대화시킴으로써 최악의 가능성을 고려하도록 한다.

이것을 보면 우리는 아직도 누구를 위해 살 것인가에 대해 고민하고 있다는 것을 알 수 있다. 우리는 아직도 춘추 전국 시대에 살고 있는 셈이다. 지금도 여전히 진지하게 누구를 위해 살 것인지, 어떤 삶을 살 것인지에 대해 고민해봐야 할 때인 것이다. 현대에는 춘추 전국 시대보다 더 복잡한 이데올로기들이 많이 생겨나서 해답을 얻기가 힘들지만, 과거를 돌아보면 더 단순하고 명확하게 그 문제들을 바라볼 수 있다. 그런 점에서 춘추 전국 시대의 사상들은 현대를 사는 우리에게 큰 시사점이 있다.

제1장 양주의 '위아(爲我)': 나를 위해 살자

1) 孫開泰, 『先秦諸子精神』(南京: 鳳凰出版社, 2010), 148쪽.

2) 그(열자의) 학문은 본디 황제(黃帝)와 노자로부터 나왔고, 이름하여 도
   가라 한다. 도가라는 것의 요체를 간추리면 맑고 빈 것(淸虛)과 무위이
   며, 그 몸을 다스리고 사물을 대함에는 경쟁하지 않는 것을 힘써 숭상하
   니 육경과 합치한다. 그러나 「목왕」과 「탕문」 두 편은 허황되고 속임수가
   가득하여 군자의 말이 아니다. 「역명」편에 이르면 일관되게 분수와 천명
   을 밀고나가는데 「양자」편은 방일을 귀히 여기니, 두 뜻이 어긋나고 배
   치되어 한 학파의 책 같지 않다. 그러나 각기 밝히는 바가 있고 또한 볼
   만한 데가 있다(其學本於黃帝老子, 號曰道家. 道家者秉要執本, 淸
   虛無爲, 及其治身接物, 務崇不競, 合於六經. 而穆王·湯問二篇, 迂
   誕恢詭, 非君子之言也. 至於力命篇, 一推分命, 楊子之篇, 惟貴放
   逸, 二義乖背, 不似一家之書, 然各有所明, 亦有可觀者)"(『列子新
   書目錄』).

3) 장자가 양주와 묵적과 같이 언급한 증삼·사추·사광·공수·이주 등은 두 가지 부류로 나누어 말할 수 있다. 우선 첫 번째 부류는 인의 도덕을 내세워 세상에 알려진 부류다. 그중 증삼은 증자(曾子)로 알려진 유가 사상가로서 효도로 유명한 사람이고, 사추는 공자로부터 강직한 성품으로 인정받은 사람이다. 그리고 두 번째 부류는 남다른 재주를 내세워 세상에 알려진 부류다. 사광(師曠)·공수(公輸)·이주(離朱)는 각각 악기를 잘 다루는 사람, 목공을 잘 하는 사람, 천리안을 가진 사람으로, 저마다 뛰어난 재주를 가진 이들이다. 이 두 부류는 모두 자신의 잘난 점을 덕으로 내세워 세상을 어지럽힌 자들이라고 장자는 말하였는데, 이들에 대해 양주와 묵적은 세 번째 부류로 분류될 수 있다. 양주와 묵적은 각각 언변이 뛰어난 자들이므로 장자는 이들의 입을 막으면 천하가 평화롭게 될 수 있다고 본 것이다.

4) 何愛國, "從'禽獸'到'權利哲學家': 論楊朱學派新形象的近代建構", 『歷史敎學問題』 2015年 第5期.

제2장 묵자의 '겸애(兼愛)': 더불어 살아가자

5) 劉士林, "墨子出身考", 『學習時報』(2004).

6) 중국 근대 학자 전목(錢穆)의 『묵자전략(墨子傳略)』.

7) 이런 까닭에, 천하의 어질고 훌륭하고 성스럽고 지혜롭고 분별력 있는 사람들 중에서 가려 뽑아 천자로 세워, 일을 처리하는 데 천하의 의가 하나 되도록 한다(是故選擇天下賢良聖知辯慧之人, 立以爲天子, 使從

事乎一同天下之義)"(『묵자』「상동(尙同)」).

8) 천자가 보고 듣는 것은 귀신과 같다(天子之視聽也神)"(『묵자』「상동」).

9) 方授楚, 『墨學源流』(中華書局, 1989).

10) 나라에 어질고 훌륭한 선비가 많으면 국가의 다스림이 후하고, 어질고 훌륭한 선비가 적으면 국가의 다스림이 박하다(國有賢良之士眾, 則國家之治厚. 賢良之士寡, 則國家之治薄)"(『묵자』「상현」).

11) "有能則擧之, 高予之爵, 重予之祿, 任予之事, 斷予之令"(『묵자』「상현」).

12) "子夏曰, 死生有命, 富貴在天"(『논어』「안연(顏淵)」).

13) 그러므로 운명은 위로는 하늘에 이롭지 않고, 가운데로 귀신에 이롭지 않고, 아래로 사람에 이롭지 않다. 그런데도 억지로 이것(운명)에 매달리는 것, 이것이 특히 흉한 말이 절로 생겨나는 이유이며, 포악한 사람의 도이다(故命上不利於天, 中不利於鬼, 下不利於人. 而強執此者, 此特凶言之所自生, 而暴人之道也"(『묵자』「비명」).

14) 馮友蘭, 『中國哲學簡史』(江蘇文藝出版社, 2010), 172쪽.

15) "지금 대국이 소국을 공격하면, 공격하는 나라의 농부는 농사를 지을 수 없고, 부인들은 옷감을 짤 수 없고, 지키는 일을 할 수밖에 없다"(『묵자』「비공」).

제3장 관중: 천하를 얻으려면 민심을 얻어라

16) 중을 등용하고 나서 제나라 정치를 맡기니 제 환공이 이로써 패자가 되

었다. 아홉 번 제후를 모아 단번에 천하를 구제한 것은 관중의 지략이다 (管仲既用, 任政於齊, 齊桓公以霸. 九合諸侯, 一匡天下, 管仲之謀 也"(『사기(史記)』「관안열전(管晏列傳)」).

17) "君臣上下貴賤皆從法"(『관자』「임법」).

18) "所謂仁義禮樂者, 皆出於法"(『관자』「임법」).

19) 치가 흥하는 것은 민심을 따르는 데 있고, 정치가 망하는 것은 민심을 거 스르는 데 있다(政之所興, 在順民心; 政之所廢, 在逆民心"(『관자』「목 민(牧民)」).

20) 이른바 하늘이란 푸르고 끝없는 저 하늘을 이름이 아니다. 남의 임금 된 자는 백성을 하늘로 여긴다. 백성이 그와 함께하면 안전하고, 그를 도우면 강하고, 백성이 그를 부정하면 위태하고, 그를 배반하면 망한다(所謂天 者, 非謂蒼蒼莽莽之天也. 君人者以百姓爲天, 百姓與之則安, 輔之 則强, 非之則危, 背之則亡"(『관자』「패언(霸言)」).

21) 백성이 근심하고 수고로움을 싫어하므로 내가 그들을 즐겁게 해준다. 백 성이 빈천함을 싫어하므로 내가 그들을 부귀하게 해준다. 백성이 위태로 움에 빠지는 것을 싫어하므로 내가 그들을 안전하게 해준다. 백성이 후사 가 끊기는 것을 싫어하므로 내가 그들을 기르고 키워준다. 백성을 즐겁게 해주면 그들이 나를 위해 근심하고 수고할 것이요, 백성을 부귀하게 해주 면 그들이 나를 위해 빈천할 것이요, 백성을 안전하게 해주면 그들이 나를 위해 위태로움에 빠질 것이요, 백성을 기르고 길러주면 그들이 나를 위해 후사를 끊을 것이다(民惡憂勞, 我佚樂之. 民惡貧賤, 我富貴之. 民惡

危隆, 我存安之. 民惡滅絕, 我生育之. 能佚樂之, 則民爲之憂勞. 能富貴之, 則民爲之貧賤. 能存安之, 則民爲之危隆. 能生育之, 則民爲之滅絕"(『관자』「목민」).

22) 곳간이 차야 예절을 알고, 의식이 족해야 영욕을 안다(倉廩實而知禮節, 衣食足而知榮辱)"(『관자』「목민」).

23) "士農工商四民者, 國之石民也"(『관자』「소광」).

24) 흩어지면 가벼워지고, 모으면 무거워진다. …… 백성에 여유가 있으면 가볍게 하고, …… 백성이 부족하면 무겁게 한다(散則輕, 聚則重. …… 民有餘, 則輕之. …… 民不足, 則重之)"(『관자』「국축(國蓄)」).

25) 춘추오패가 누구인지에 대해서는 두 가지 설이 있다. 사마천(司馬遷)의 후손 사마정(司馬貞)이 당나라 때 쓴 『사기색은(史記索隱)』에서는 제나라의 환공, 진나라의 목공, 초나라의 장왕, 송나라의 양공, 오나라 왕 부차를 춘추오패로 꼽는다. 그러나 『순자』「왕패(王霸)」에서는 제나라의 환공, 진나라의 문공, 초나라의 장왕, 오나라 왕 합려, 월나라 왕 구천을 춘추오패라고 얘기한다. 두 문헌 모두 제 환공·진 목공·초 장왕 세 왕에 대해서는 이견이 없다. 그러므로 제 환공이 춘추 시대 패자였던 것은 틀림없는 듯하다.

26) "近者示之以忠信, 遠者示之以禮義"(『관자』「패형(霸形)」).

27) "政旣成, 以守則固, 以征則强(『국어(國語)』「제어(齊語)」)".

제4장 상앙: 이기적인 인간은 법으로

28) 형벌은 힘을 낳고, 힘은 강함을 낳는다(刑生力, 力生強)"(『상군서』「설
　　민(說民)」).

29) "다스리는 일은 형이 9이고 상이 1이다(王者, 刑九而賞一)"(『상군서』
　　「개색」).

30) "故民生則計利, 死則慮名"(『상군서』「산지』).

제5장 한비자: 법·술·세, 다 필요해

31) "요역이 많으면 백성이 괴롭고, 백성이 괴로우면 권세 있는 자가 일어나
　　고, 권세 있는 자가 일어나면 요역을 면제하는 일이 생긴다. 백성을 괴롭
　　힘으로써 귀인을 부유하게 하고, 권세를 일으켜 신하에게 빌려주는 것은
　　천하의 장구한 이익이 아니다(徭役多則民苦, 民苦則權勢起, 權勢起
　　則複除重. 苦民以富貴人, 起勢以藉人臣, 非天下之長利也"(『한비자』
　　「비내(備內)」).

참고문헌

『管子』.

『論語』.

『孟子』.

『墨子』.

『史記』.

『商君書』.

『呂氏春秋』.

『列子』.

『列子新書目錄』.

『莊子』.

『韓非子』.

『淮南子』.

方授楚,『墨學源流』, 中華書局, 1989.

孫開泰,『先秦諸子精神』, 南京: 鳳凰出版社, 2010.

劉士林, "墨子出身考",『學習時報』, 2004. 03. 第009版.

錢穆, "墨子傳略",『钱穆先生全集: 墨子, 惠施, 公孙龙』, 北京: 九州出版社,
   2011.

馮友蘭,『中國哲學簡史』, 江蘇文藝出版社, 2010.

何愛國, "從'禽獸'到'權利哲學家': 論楊朱學派新形象的近代建構",『歷史教
   學問題』 2015年 第5期; 신동준;『공자와 천하를 논하다』, 파주: 한길사,
   2007.

프랑스엔 〈크세주〉, 일본엔 〈이와나미 문고〉, 한국에는 〈살림지식총서〉가 있습니다.

📖 전자책 | 🔍 큰글자 | 🔊 오디오북

춘추전국시대의 고민

양주 · 묵가 · 법가의 제안

펴낸날	**초판 1쇄 2021년 1월 29일**

지은이	**김현주**
펴낸이	**심만수**
펴낸곳	**(주)살림출판사**
출판등록	**1989년 11월 1일 제9-210호**

주소	**경기도 파주시 광인사길 30**
전화	**031-955-1350**
팩스	**031-624-1356**
홈페이지	http://www.sallimbooks.com
이메일	book@sallimbooks.com

ISBN	978-89-522-4284-6 04080
	978-89-522-0096-9 04080 (세트)

026 미셸 푸코 `eBook`

양운덕(고려대 철학연구소 연구교수)

더 이상 우리에게 낯설지 않지만, 그렇다고 손쉽게 다가가기엔 부담스러운 푸코라는 철학자를 '권력'이라는 열쇠를 가지고 우리에게 열어 보여 주는 책. 권력은 어떻게 작용하는가에서 논의를 시작하여 관계망 속에서의 권력과 창조적·생산적·긍정적인 힘으로서의 권력을 이야기해 준다.

027 포스트모더니즘에 대한 성찰 `eBook`

신승환(가톨릭대 철학과 교수)

포스트모더니즘의 역사와 논의를 차분히 성찰하고, 더 나아가 서구의 근대를 수용하고 변용시킨 우리의 탈근대가 어떠한 맥락에서 이해되는지를 밝힌 책. 저자는 오늘날 포스트모더니즘으로 대변되는 탈근대적 문화와 철학운동은 보편주의와 중심주의, 전체주의와 이성 중심주의에 대한 거부이며, 지금은 이 유행성의 뿌리를 성찰해 볼 때라고 주장한다.

202 프로이트와 종교 `eBook`

권수영(연세대 기독상담센터 소장)

프로이트는 20세기를 대표할 만한 사상가이지만, 여전히 적지 않은 논란과 의심의 눈초리를 받고 있다. 게다가 신에 대한 믿음을 빼앗아버렸다며 종교인들은 프로이트를 용서하지 않을 기세이다. 기독교 신학자인 저자는 이 책을 통해 종교인들에게 프로이트가 여전히 유효하며, 그를 통하여 신앙이 더 건강해질 수 있다는 점을 보여 주려 한다.

427 시대의 지성 노암 촘스키 `eBook`

임기대(배재대 연구교수)

저자는 노암 촘스키를 평가함에 있어 언어학자와 진보 지식인 중 어느 한 쪽의 면모만을 따로 떼어 이야기하는 것은 불합리하다고 말한다. 이 책에서는 촘스키의 가장 핵심적인 언어이론과 그의 정치비평 중 주목할 만한 대목들이 함께 논의된다. 저자는 촘스키 이론과 사상의 본질에 다가가기 위한 이러한 시도가 나아가 서구 사상을 받아들이는 우리의 자세와도 연결된다고 믿고 있다.

024 이 땅에서 우리말로 철학하기

이기상(한국외대 철학과 교수)

우리말을 가지고 우리의 사유를 펼치고 있는 이기상 교수의 새로운 사유 제안서. 일상과 학문, 실천과 이론이 분리되어 있는 '궁핍의 시대'에 사는 우리에게 생활세계를 서양학문의 식민지화로부터 해방시키고, 서양이론의 중독으로부터 벗어나야 한다고 역설한다. 저자는 인간 중심에서 생명 중심으로의 변환과 관계론적인 세계관을 담고 있는 '사이 존재'를 제안한다.

025 중세는 정말 암흑기였나   eBook

이경재(백석대 기독교철학과 교수)

중세에 대한 친절한 입문서. 신과 인간에 대한 중세인의 의식을 다루고 있는 이 책은 어떻게 중세가 암흑시대라는 일반적인 인식을 가지게 되었는지에 대한 물음을 추적한다. 중세는 비합리적인 세계인가, 중세인의 신앙과 이성은 어떠한 관계를 갖고 있는가 등에 대한 논의를 하고 있다.

065 중국적 사유의 원형   eBook

박정근(한국외대 철학과 교수)

중국 사상의 두 뿌리인 『주역』과 『중용』을 철학적 관점에서 접근한다. '산다는 것은 무엇인가?'라는 근원적 질문으로부터 자생한 큰 흐름이 유가와 도가인데, 이 두 사유의 흐름을 거슬러 올라가다 보면 그 둘이 하나로 합쳐지는 원류를 만나게 된다. 저자는 『주역』과 『중용』에 담겨 있는 지혜야말로 중국인의 사유세계를 지배하는 원류라고 말한다.

076 피에르 부르디외와 한국사회   eBook

홍성민(동아대 정치외교학과 교수)

부르디외의 삶과 저작들을 통해 그의 사상을 쉽게 소개해 주고 이를 통해 한국사회의 변화를 호소하는 책. 저자는 부르디외가 인간의 행동이 엄격한 합리성과 계산을 근거로 행해지기보다는 일정한 기억과 습관, 그리고 사회적 전통에 영향을 받는다는 사실로부터 시작한다는 점을 강조한다.

096 철학으로 보는 문화

eBook

신응철(숭실대 인문과학연구소 연구교수)

문화와 문화철학 연구에 관심 있는 사람을 위한 길라잡이로 구상된 책. 비교적 최근에 분과학문으로 등장하기 시작한 문화철학의 논의에 반드시 들어가야 할 요소를 선택하여 제시하고, 그 핵심 내용을 제공한다. 칸트, 카시러, 반 퍼슨, 에드워드 홀, 에드워드 사이드, 새무얼 헌팅턴, 수전 손택 등의 철학자들의 문화론이 소개된다.

097 장 폴 사르트르

eBook

변광배(프랑스인문학연구모임 '시지프' 대표)

'타자'는 현대 사상에 있어 가장 중요한 개념 중 하나이다. 근대가 '자아'에 주목했다면 현대, 즉 탈근대는 '자아'의 소멸 혹은 자아의 허구성을 발견함으로써 오히려 '타자'에 관심을 갖게 되었다. 그리고 타자이론의 중심에는 사르트르가 있다. 사르트르의 시선과 타자론을 중점적으로 소개한 책.

135 주역과 운명

eBook

심의용(숭실대 강사)

주역에 대한 해설을 통해 사람들의 우환과 근심, 삶과 운명에 대한 우리의 자세를 말해 주는 책. 저자는 난해한 철학적 분석이나 독해의 문제로 우리를 데리고 가는 것이 아니라 공자, 백이, 안연, 자로, 한신 등 중국의 여러 사상가들의 사례를 통해 우리네 삶을 반추하는 방식을 취한다.

450 희망이 된 인문학

eBook

김호연(한양대 기초·융합교육원 교수)

삶 속에서 배우는 앎이야말로 인간의 운명을 바꿀 수 있는 기회를 준다. 그래서 삶이 곧 앎이고, 앎이 곧 삶이 되는 공부를 하는 것이 무엇보다 중요하다. 저자는 인문학이야말로 앎과 삶이 결합된 공부를 도울 수 있고, 모든 이들이 이 공부를 할 수 있어야 한다고 믿는다. 특히 '관계와 소통'에 초점을 맞춘 인문학의 실용적 가치, '인문학교'를 통한 실제 실천사례가 눈길을 끈다.

eBook 표시가 되어있는 도서는 전자책으로 구매가 가능합니다.

(주)살림출판사
www.sallimbooks.com
주소 경기도 파주시 문발동 522-1 | 전화 031-955-1350 | 팩스 031-955-1355